Friedrich Wihelm Nietzsche

니체의 문화철학

| 이상엽 지음 |

UUP

니체의 문화철학

2007년 8월 21일 초판 인쇄
2007년 8월 29일 초판 발행

저　자 | 이상엽
발행인 | 정정길
발행처 | UUP(울산대학교출판부)

출판등록 | 제 370-1996-000001호(1996.3.13)
주소 | 680-749 울산광역시 남구 대학로 102(무거동) 울산대학교
전화 | (052) 259-2488
팩스 | (052) 277-3011
편집·표지 디자인 | 지미정·김수연

값 9,500원

ISBN 978-89-7868-995-3

* 이 책은 2006학년도 울산대학교 저서연구비를 지원 받아 출판되었습니다.

서문

100년 전부터 시작된 니체 수용사는 우선 니체 우파에 의해서 시작되었다고 할 수 있다. 더 이상 통일성을 보장하지 못하는 현대에 대한 불안과 위기의 경험은 그럼에도 불구하고 통일성을 부여하고자 하는 시도들에 의해 응답되었다. 니체에 의해 이미 고발된 산업문화의 '카오스'는 니체와 함께 극복되어야 했다. 아민 몰러가 『보수혁명』(1950)에서 스케치하듯이 세기의 전환기부터 **보수적** 니체주의는 그 모습을 드러내었고, 1927년 후고 폰 호프만스탈이 제기한 '보수혁명' 담론에 영향을 주었다. 근대를 공격하는 보수혁명은 삶의 이분화와 세계의 분열화에 대항하여 새로운 통일적 규범성을 반이성주의적 및 반계몽주의적 형식에서 찾고자 한다. 마침내 알프레트 보이물러는 1931년 『철학자와 정치가로서의 니체』에서 니체를 나치즘에 적합한 철학자로 만드는 토대를 마련한다. 1934년 철학교수인 프리츠 기제는 『니체-완수』라는 자신의 저서에서 "카오스에 대한 투쟁, 코스모스로의 연결을 위한 투쟁. 이것이 제3제국 인간의 목표이다"라고 말하고 있다. 물론 니체는 나치가 생물학적으로 규정된 '새로운 인간' 이데올로기를 통해 현대의 위기 경험을 극복하려는 것과 무관하다. 빈유대주의에 대한 니체의 혐오는 나치주의자들도 인식하고 있던 상태였다. 그러나 니체의 '힘에의 의지'와 '주인도덕', '초인' 사상은 '허무주의'시대, 즉 다원주의 시대에 규범적 척도를 존재론적으로 재획득하고자 하는 보수주의자들에게는 영감의 원천이었고 이들에게 구성적 재료를 선사하였다.

대학의 철학자들도 니체의 저작들을 연구하였다. 20세기 초, 후설에 의해 철학은 '엄밀한 학문'으로 요구되었고 이러한 견해가 지배적이 되었을 때, 니체는 철학자라기보다는 문필가로서 간주되었다. 하지만 1차 세계대전이 끝나면서 니체는 도처에 존재하게 된다. 1930년대 니체는 학문적인 차원에서 철학적 대화의 대상이 된다. 뢰비트의 『니체의 동일한 것의 영원회귀의 철학』(1935), 야스퍼스의 『니체』(1936)와 하이데거의 니체 강의들(1936~1940)은 2차 세계대전 이후의 니체에 대한 체계적인 철학적 해석에 결정적인 영향을 미친다. 특히 1961년에 출간된 하이데거의 『니체』는 니체 연구사에서 '기념비적'적 저작으로 간주되는데, 이후 10년간 대학 내의 니체 철학에 대한 해석은 하이데거의 해석지평을 넘어서지 못한다. 하이데거의 독특한 철학 속에서는 니체가 전통 형이상학 역사에 편입되어 형이상학 역사의 최종점에 위치하게 된다.

하이데거의 『니체』가 출간되고 나서 1년 후인 1962년, 프랑스에서 들뢰즈는 니체에 대한 해설서를 출간하였다. 프랑스의 니체에 대한 좌파적 해석은 그 뿌리를 바타이유에 두고 있는데, 이러한 전통 속에서 들뢰즈는 니체를 안티파시스트로 이해하였고, '자유정신'의 주창자로 간주하였다. 들뢰즈, 푸코, 리오타르, 데리다 등의 프랑스 니체주의자들은 니체를 서양의 서양형이상학(동일성 철학과 본질주의)과 이성의 비판자로 해석한다. 이제 그는 서양 이성주의 역사의 종점인 근대와 이별할 것을 종용하는 철학자로서 묘사되고, 모든 정당성 요구를 거부하고 이산하는 현실에 대해 긍정하는 철학자로서 간주된다. 즉 그는 차이를 생산해 내고 긍정하는 차이의 철학자가 된다.

니체 철학의 수용사가 보여주듯이, 그의 철학은 어느 지점에 강조

점을 두는지에 따라 그 색깔을 달리했다. 니체 우파 내지 니체 좌파라는, 이러한 니체에 대한 대립적 해석 전통이 가능한 것은 그의 사유 내부 자체에 존재하는 모순 때문이라기보다는, 한편으로는 그의 저작이 지닌 다양한 해석의 가능성과 다른 한편으로 그의 완결되지 않은 철학적 프로그램 때문일 것이다. 니체와 함께 근대를 진단하고 처방하려는 현대의 철학적 시도들은 니체 사유에 존재하는 생산적인 아포리아와 접하면서 완전히 이질적인 방향으로 전개된 것이다.

이 책은 기본적으로 니체의 철학적 문제의식이 어떤 것이었는지에 관심을 두고 있다. 말하자면 니체는 무엇 때문에 자신의 철학적 담론을 펼쳐나갔는지를 살펴보려고 했다. 니체의 모든 독창적인 철학적 세부 내용과 개념들은 니체의 근본적 철학적 문제의식 속에서 파악될 때에야 비로소 그 의미가 분명해질 것이다. 이 책은 결론적으로 말해 니체는 근대화 이후 야기된 인간 삶의 획일화와 평균화에 대항해 인간의 문화화(Kultivierung), 다시 말해 인간의 도야(니체의 용어로는 인간의 고양(Erhöhung))가 어떻게 이루어질 수 있는지를 고민하고 그 대안을 예술적 문화세계의 건설에서 찾는 문화철학자의 입장에서 니체를 서술하고자 했다.

니체의 철학은 어떠한 시대상황 속에서 출발한 것인가? 1871년의 독일제국은 좁은 의미에서 보면 1848년의 혁명에 대한 반작용의 산물로 이해될 수 있다. 비스마르크 제국은 국가와 시민사회의 연합 속에서 제4계급에 대항하면서 형성되었다. 즉 독일의 민족국가는 프랑스의 경우와 달리 시민혁명의 산물이 아니다. 독일의 시민계급은 1848년 혁명 이후 귀족주의에 기초를 둔 행정 및 군사 국가와 자신을 동일시하면서 점차적으로 보수적 권력에 편입되어 나갔다. 시민계급은 그들만의 전통이 없었다. 시민계급은 독일이상주의나 고전주의와 단절 속에 있었고 영국이나 프랑스의 계몽주의 전통에 뿌리를 두고 있지도 않았다. 교육과 철학의 전통적인 영향력을 행사하고 있었던 훔볼트, 랑케, 드로이젠의 역사주의는 1850~60년대 이후로 현실적인 유물주의와 성장하는 자본주의에 의해 문화의 중심에서 밀려났다. 이제 산업혁명과 과학의 시대가 시작되었고 실증주의적·자연과학적 세계상이 문화와 삶의 지배적인 위치에 들어서게 되었다.

시민계급은 정치적으로 체념적이었다. 그 대신에 시민계급의 한쪽에서는 역사와 사회의 진보를 믿으며 산업화나 경제행위에 열중하거나 아니면 다른 한쪽에서는 '문화'의 재생에 관심을 두고 있었다. 후자의 회의적 성향의 시민계급 속에서는 진보주의와 낙관주의에 대한 쇼펜하우어의 비판이 공감을 획득해 나가고 있었다. 이들은 '문화가치'를 다시 재생시키고자 했다. 이들은 '정신적인 것'에 관심을 두고, 당대의 표피적인 '문명적' 삶에 대항할 수 있는 교양과 문화의 세계를 추구했다. 이러한 형태의 회의적 시민계급의 교양과 문화 이념에 대한 깊은 숙고는 예컨대 니체가 광기에 이르는 순간까지 존경해마지 않았던 야콥 부르크하르트의 사상에서 잘 표현되고 있다. 바로 니체도 새로운 '예술적' 문화의 창조를 주장했고 이를 자신의 삶의 과제로 삼았다. 그러나 니체는 부르크하르트처럼 소극적이거나 체념적이지 않았다. 청년 니체는 그리스문화와 바그너에게서 새로운 독일문화의 희망을 찾았고 자신의 '문화혁명'을 바그너의 예술관과 결합시켰다.

청년 니체는 자기시대의 근본현상을 기독교로부터의 이탈과정으로 파악했다. 승승장구하는 근대의 자연과학은 서서히 기독교를 몰락시켰고 이것은 필연적인 것으로 보였다. 현재 종교는 "진공상태가 되어 버린 곳에 신화적 건물을 세워 이를 통해 믿음을 불러일으킬 수 있는가?" 니체는 "이러한 것이 다시 일어날 수 있는 가능성은 순수이성의 비판

이후 없을 것 같다"고 말한다. 따라서 우리는 예술로, 문화로 방향을 선회해야만 한다는 것이다. 한계를 넘은 인식욕구를 통제하고 진공상태가 되어버린 삶의 세계에 의미를 제시해주는 문화를 건설하는 데 기초가 되는 것은 예술이고 이러한 예술과 문화의 주체가 바로 철학자인 것이다. 다시 말해 그는 기독교 세계의 몰락이 야기한 의미의 진공상태를 새롭게 채우고 획일적 과학기술 문화와 평등주의적 민주주의 문화에 대항할 수 있는 새로운 문화를 고안하는 작업에 집중했던 것이다. 철학자의 과제는 무엇인가? 1873년 초의 한 메모에는 다음과 같이 쓰여 있다: "그는 고삐 풀린 인식욕구를 통제한다. 그러나 하나의 새로운 형이상학을 통해서는 아니다. 그는 새로운 신앙을 세우지 않는다. 그는 형이상학의 파괴된 토대를 비극적으로 인식한다. 그러나 그는 결코 학문들의 화려한 소용돌이 안에서 만족할 수는 없다. 그는 새로운 삶을 건설한다. 그는 예술에 권리를 다시 되돌려 준다." 그가 현대의 문제들을 극복하기 위해 채택하는 시도는 바로 '예술적 문화'의 고안으로 나타났다. 1872년 초 출간된 니체의 첫 번째 위대한 저작인 『비극의 탄생』에서부터 후기의 모든 저작에 이르기까지 이러한 문제의식은 일관되게 유지되었다.

우리는 니체의 저작들을 읽게 되면 니체의 인격적 진지함과 치열한 철학적 문제의식을 느낄 수 있다. 그리고 우리는 니체의 모든 저작 속에서 절대가치란 존재하지 않는 허무주의 세계에서 눈앞의 물질적 이익과 쾌락에 자신을 내맡기고 그 반면에 이러한 차원을 넘어서 있는 삶의 모습에 대해서는, 다시 말해 '보다 고귀한' 새로운 삶의 가능성에 대해서는 외면하고 있는 우리 현대인들에게 삶과 문화에 대해 되돌아볼 것을 강력하게 요청하는 니체의 절규를 듣게 될 것이다.

최근 몇 년 동안 쓴 니체 관련 논문들 중에서 문화철학이란 제목으로 묶을 수 있는 몇 개를 골라 이 작은 책자를 만들어 보았다. 제1부 **니체의 문화철학**은 2006년에 「니체의 문화개념」이란 제목으로 한국니체학회의 『니체연구』(9집)에 실린 논문이고, 제2부 **니체의 형이상학비판**은 2001년에 「니체, 도덕적 이상에의 의지로부터 형이상학적 세계해석의 탄생」이란 제목으로 한국철학회의 『철학』(66집)에 실린 논문이고, 제3부 **니체의 칸트 수용과 비판**은 2002년에 「니체의 칸트 수용과 비판」이란 제목으로 한국칸트학회의 『칸트 연구』(10집)에 실린 논문이고, 제4부 **니체의 도덕비판**은 2006년에 「니체의 도덕비판」이란 제목으로 한국철학사연구회의 『한국철학논집』(19집)에 실린 논문이고, 제5부 **니체의 탈역사와 탈근대**는 2006년에 「니체와 '탈역사'」란 제목으로 한국니체학회의 『니체연구』(10집)에 실린 논문이며, 제6부 **니체의 이상적 인간상**은 2007년에 「니체의 이상적 인간상 연구」라는 제목으로 한국니체학회의 『니체연구』(11집)에 실린 논문이다.

물론 이 논문들은 책의 형태에 맞게 몇 부분이 수정되었다. 책의 전체 흐름에 맞게 부분적으로 새로운 내용이 추가된 경우도 있고 부분적으로 생략된 경우도 있다. 이 책이 니체의 문화철학에 관심 있는 독자들에게 작은 길잡이가 될 수 있기를 희망해 본다.

울산 무거동에서

이상엽

목차

서문 / 5

목차 / 11

제1부 니체의 문화철학 / 15

제1장 문화 개념의 출발점 / 18

제2장 문화의 유형론 / 21

제3장 문명화의 문제: 윤리와 도덕 / 31

제4장 문화와 문명 / 36

제5장 문화철학의 과제, 예술적 문화와 인간 삶의 고양 / 44

제2부 니체의 형이상학비판 / 47

제1장 회의주의로의 전향 - 자유정신을 위하여 / 50

제2장 인식 비판 / 55

제3장 진리 비판 / 64

제4장 도덕적 이상에의 의지로부터 형이상학적 세계해석의 생성 / 67

제5장 형이상학의 세계와 허무주의의 세계 / 76

제3부 니체의 칸트 수용과 비판 / 79

제1장 니체의 칸트 이해 / 82

제2장 칸트 이론철학의 수용과 비판 / 84

제3장 칸트 실천철학의 수용과 비판 / 97

제4장 코페르니쿠스적 전환과 삶의 예술 / 107

제4부 니체의 도덕비판 / 111

제1장 윤리와 도덕 / 114

제2장 다양한 도덕들 - 절대도덕의 비판 / 117

제3장 도덕의 가치문제 / 122

제4장 도덕의 두 가지 유형 / 124

제5장 도덕의 유익함과 해로움 / 133

제6장 니체의 대안 - 삶의 미학 / 135

제7장 니체의 도덕비판의 현재적 의미 / 139

제5부 니체의 탈역사와 탈근대 / 143
제1장 탈역사 담론의 입장들 / 147
제2장 탈역사 상황의 원인 / 153
제3장 탈역사, 다원주의 그리고 허무주의 / 156
제4장 탈역사와 탈근대 / 161
제5장 탈근대 시대의 삶의 방식 / 166
제6장 탈근대 담론의 현재성과 그 한계 / 169

제6부 니체의 이상적 인간상 / 173
제1장 민주주의의 시대 - '평등'의 위험성 / 179
제2장 인간의 위계질서 - 강자와 약자 / 186
제3장 이상적 인간상 - '최고의 인간' / 192
제4장 최고의 인간, 자기 고양, 그리고 '위대한 정치' / 195
제5장 니체철학의 문화철학적 성격 / 199

참고문헌 / 203
색인 / 217

제1부 니체의 문화철학

제1부의 목표는 니체의 문화철학을 살펴보는 데 있다. 니체는 초기의 저술로부터 후기의 저술에 이르기까지 문화의 문제에 관해 깊은 관심을 두었고 또한 이에 관해 많은 논의를 했다. 물론 그는 자신의 문화철학에 대해서 뿐만 아니라 자신의 문화 개념에 대해서도 체계적인 이론을 제시하지는 않았다. 이는 '체계성' 자체에 대한 그의 비판적 태도와 아포리즘이라는 그의 독특한 서술 방식에서 기인한 결과라고 할 수 있다. 그러나 여기서는 니체 철학에서 문화 문제는 각 저술의 문맥과 시기 마다 조금씩 달리 표현되고 있지만 실제로는 가장 핵심적인 문제임을 밝히고 니체 철학이 '삶(Leben)과 문화(Kultur)'라는 두 개의 기본 축 속에서 전개되고 있음을 체계적으로 드러내고자 한다.

니체의 문화철학을 살펴보는 것은 크게 두 가지 점에서 의의를 갖고 있다. 첫째, 니체는 자신의 독특한 문화관을 전제로 해서 서양의 문화, 특히 서양의 근대 문화(니체의 용어상으로는 근대 문명)를 비판하고 있기 때문에 그의 문화 개념을 살펴보는 것은 매우 중요한 작업이다. 다시 말해 그의 근대 문화비판이 실제로 타당한 의미를 지니고 있는지에 관해 올바른 판단을 하기 위해서는 우선 이러한 비판의 전제가 되는 그의 문화 개념의 특성을 살펴보아야만 할 것이다. 둘째, 니체의 문화 담론은 사실상 많은 부분에서 우리 현실에서의 문화 담론의 지평을 규정하고 있는 것은 물론 우리 문화의 미래를 모색하는 데에도 많은 영향을 미칠 것이기 때문에 그의 문화철학을 살펴보는 것은 필요한 일이다. 니체는 사유의 초기부터 철학자를 문화의 질병을 진단하고 치유하는 "**문화의 의사**"[1]로서 간주했고 자신의 과제 중 하나를 진정한 문화의 개념을 파악하는 것에 두었다.[2] 그는 19세기의 가장 중요한 철학자 중 한 사람으로서 '문화와 문명의 대립관계'에 대한 규정을 통해 이후 20세기 문화 담론에 결정적인 영향을 주었다.[3]

---

1) KSA 7, 545쪽. 니체의 저작은 Giorgio Colli와 Mazzino Montinari에 의해 편집된 *Kritische Studienausgabe in 15 Bände*, München 1980에서 인용하였고, 인용시 권번호와 페이지를 기입하였다. Kritische Studienausgabe (=KSA). 니체의 문화철학에 관해서는 Thomas Jung, *Geschichte der modernen Kulturtheorie*, Darmstadt 1999, 54쪽 이하; Hans Freier, "Nietzsche-Der Einbruch des genealogischen Wissens in die Kulturtheorie", In: (Hg.) Helmut Brackert und Fritz Wefelmeyer, *Naturplan und Verfallskritik. Zu Begriff und Geschichte der Kultur*, Frankfurt am Main 1984, 320~363쪽을 참조하라. 니체의 서양문화 비판에 대해서는 안철택, 「니체의 문화비판」, 『독일어문학』 24집, 한국독일어문학회 2004, 119~147쪽; 강용수, 「니체의 대중문화비판」, 『철학연구』 61집, 철학연구회 2003, 105~122쪽; 강영계, 「문화허무주의-니체 contra 보드리야르」, 『니체연구』 6집, 한국니체학회 2004, 1~29쪽을 참조하라.

2) KSA 7, 426쪽을 참조하라. 니체는 1872년 봄의 『유고』에서 다음과 같이 쓰고 있다. "나의 과제: **모든 진정한 문화의 내적 연관성과 필연성**을 개념화하는 것이다. 문화의 방어수단과 구원수단. 이러한 것들이 민족의 천재와 갖는 관계. 모든 위대한 예술 세계의 귀결은 하나의 문화이다: 그러나 그것은 종종 적대적인 대항운동으로 인해 그러한 완결된 예술 작품에 이르지 못한다"(앞의 곳).

3) 니체의 문화철학이 20세기에 미친 영향사에 관해서는 강용수, 「니체의 문화철학의 체계성과 연속성에 대한 연구·개념의 형성과정과 영향사에 대한 분석

문화 개념은 학문적 성찰의 중심으로 등장하기 이전부터 이미 오래된 역사를 갖고 있다. '문화(Kultur)'라는 단어는 라틴어 'colere' ('경작하다', '양육하다')에서 파생되었는데,[4] 이미 여기서 고전적인 문화 개념, 즉 어떤 일정한 대상을 고귀하게 만드는 것(Kultivierung)이란 의미를 발견할 수 있다. 농업에서 경작(agricultura)을 통해 수확을 얻듯이, 또한 인간의 경우에서도 교육을 통한 인간 정신의 양육, 즉 인간 정신의 문화화(cultura animi)가 필요했던 것이다. 문화 개념은 농경문화와 정신문화의 연관 속에서 사용되었고 이것은 18세기에까지 광범위하게 적용되었다. 이러한 과정 속에서 문화 개념은 문명 개념과 마찬가지로 기술적, 도덕적, 예술적 영역 전체를 포괄하는 의미를 지녔고, 문화 개념과 문명 개념은 야만에서 이상사회로의 발전이라는 계몽주의적·낙관주의적 역사관을 공유했다. 엘리아스가 주장하듯이 독일의 문화 개념이 처음부터 프랑스의 문명 개념과 대립했던 것은 아니다.[5] 그러나 18세기 후반기부터 문화 개념은 물질적·실용적인 삶의 차원을 '초월'하는 것으로 해석되었고 19세기가 경과하면서 문화와 문명 두 개념 사이의 간극은 더 벌어졌다.[6] 문화와 문명의 대립적 성격을 강조했던 최초의 철학자 중 한 사람이 바로 니체이다. 니체는 문명을 물질적·실용적 차원의 필연성의 영역으로 규

을 중심으로」, 『니체연구』 제6집, 한국니체학회 2004, 31~59쪽을 참조하라.

4) Hubertus Busche, "Was ist Kultur? Erster Teil: Die vier historischen Grundbedeutungen", In: *Dialektik. Zeitschrift für Kulturphilosophie*, 2000, 70쪽 이하를 참조하라.

5) Norbert Elias, *Über den Prozeß der Zivilisation I*, Frankfurt am Main 1976, 『문명화과정 I』, 박미애 옮김, 서울: 한길사 2003, 105~148쪽을 참조하라.

6) 이에 관해서는 Georg Bollenbeck, *Bildung und Kultur*. Frankfurt am Main und Leipzig 1994, 61~96쪽을 참조하라.

정하고 문명을 비판했던 반면에 문화를 인간 삶의 고양을 가능하게 하는 자유로운 예술 세계로 묘사하고 이러한 문화를 요청했던 것이다.

여기서는 우선 초기 니체의 문화 개념을 『비극의 탄생』과 『반시대적 고찰』의 시기를 중심으로 살펴보고(제1장), 니체가 이 시기에 정립했던 문화의 세 가지 유형, 즉 예술적·그리스적, 소크라테스적·알렉산드리아적, 비극적·불교적 문화 유형에 관해 서술한 후, 그가 초기에 새로운 예술적 문화의 이상을 건설하기 위해 요청했던 교육 혁신의 내용을 간략하게 다루고자 한다(제2장). 그러고 나서 후기 니체로 넘어가 『인간적인 너무나 인간적인』 이후의 저술들, 특히 『도덕의 계보학』과 후기의 『유고』들을 중심으로 해서 니체가 문명화과정에 대해 어떤 평가를 하고 있는지를 알아보고(제3장), 니체가 제시한 문명과 문화의 대립적인 관계에 대해 다룬 후(제4장), 끝으로 니체의 문화철학의 내용과 과제를 살펴볼 것이다(제5장).

제1장 문화 개념의 출발점

이미 『비극의 탄생』의 저술 시기에서부터 니체의 문화에 관한 서술은 시작된다.[7] 사실상 『비극의 탄생』은 니체 철학의 기본신념

---

7) 니체의 초기 문화비판에 관해서는 Schmidt, Rüdiger, "Auf der Suche nach dem Humanum. Elemente der frühen Kulturkritik Friedrich Nietzsches". In: *Nietzsche-Studien* Bd.13, Berlin/New York 1984, 129~155쪽을 참조하라. 니체의 문화 개념에 대해서는 Renate Reschke, "Kultur", In: (Hg.) Henning Ottmann, *Nietzsche-Handbuch*, Stuttgart/Weimar 2000, 266~268쪽을 참조하라.

을 담고 있다. 인간 삶과 세계의 현존은 단지 예술적·미적 현상으로서만 정당화될 수 있다는 것이 그것이다.[8] 말하자면 우리는 우리 삶의 고통과 심연을 예술을 통해 미화(Verklärung)하고 정당화함으로써만 삶을 보존하고 고양시킬 수 있다는 것이다.[9] 이러한 관점에서 니체는 『비극의 탄생』에서 원일자(Ur-Eine) 및 "자연의 예술적 충동"[10]이라는 개념을 사용해 세계 형성의 형이상학적 토대를 정립한다. 니체의 '예술가·형이상학' 또는 '미적 형이상학'에 따르면, 근원적인 고통을 지닌 원일자는 자기 내부의 모순과 고통을 극복하기 위해 인간의 예술 활동을 활용하고, 이러한 인간의 예술 활동의 결과물이 바로 세계라는 것이다.[11] 여기서 니체는 일종의 신을 전제하고 있는데, 이 예술가 신은 아폴론적인 형태와 디오니소스적인 형태의 예술충동을 가진다고 주장한다.[12] 니체에 따르면 두 가지 형태의 자연의 예술적 충동으로부터 인간의 예술 행위를 매개로 하여 세계가 탄생하고 변화해 간다는 것이다. 여기서 중요한 것은 세계 형성의 본질적인 요소가 무엇보다도 예술이라는 점이다.

예술이 세계 형성의 원리이지만 마찬가지로 문화 형성의 원리이기도 하다. 예술은 창조와 형성의 원리로서 『비극의 탄생』 시기의 문화 개념의 핵심을 이룬다. 문화에 대한 니체의 초기 생각에 따르

---

8) KSA 1, 47쪽을 참조하라.

9) 세계와 삶의 미적 정당화에 대한 니체의 철학적 기획에 관해서는 Volker Gerhadt, "Artisten-Metaphysik. Zu Nietzsches frühem Programm einer ästhetischen Rechtfertigung der Welt", In: Ders., *Pathos und Distanz - Studien zur Philosophie Friedrich Nietzsches*, Stuttgart 1988, 46~71쪽을 참조하라.

10) KSA 1, 31쪽.

11) KSA 1, 43쪽 이하와 51쪽 이하를 참조하라.

12) KSA 1, 30쪽을 참조하라.

면 '진정한' 문화는 예술적 행위의 결과로서 무엇보다도 "한 민족의 삶의 모든 표현들 속에 나타난 예술적 양식의 통일성"[13]이며 "삶과 사유와 모습과 욕구의 일치"[14]의 상태이다. 이러한 문화 개념은 야만적 상태, 즉 카오스적 혼돈을 지양한 상태, 다시 말해 삶의 여러 충동들의 카오스가 예술적 양식의 질서 속에서 극복된 상태를 뜻한다.[15] 이와 같이 초기 니체의 문화 개념은 '예술적 양식들의 통일성이 구현된 상태'로 나타난다.

니체는 문화 현상을 삶의 충동들의 현상형식 또는 징후로서 이해한다. 말하자면 문화 현상은 삶의 여러 충동들이 표출되어 드러난 상태라는 것이다. 하지만 니체는 기술적, 도덕적, 경제적 측면의 문화 현상에 관심을 두기 보다는 한 민족의 삶이 표현된 예술의 양식들과 그 속에서 어떤 통일성이 존재하는지에 주목하고 있다. 다시 말해 한 민족이 예술 속에서 충동들의 카오스적 혼돈을 극복함으로써 하나의 통일성을 보여주고 있는지가 중요한 문제인 것이다.[16] 이와 같이 니체는 예술적 관점에서 문화를 파악하고 있다. 문화의 세계는 곧 예술의 세계이고 '진정한' 문화는 다양한 예술적 표현들 속에 통일성이 구현된 상태, 예술적 문화를 뜻한다.

그렇다면 이러한 양식의 통일성으로서의 문화는 실제적으로 어떤 의미를 갖는가? 니체의 문화 개념은 우리가 도달해야만 하는 어떤 이상의 모습을 띠고 있다. 우리는 "새로운 개선된 자연"[17]으로서

---

13) KSA 1, 163쪽.

14) KSA 1, 334쪽.

15) KSA 7, 432쪽을 참조하라.

16) KSA 7, 424쪽, 427쪽을 참조하라.

17) KSA 1, 334쪽.

의 문화를 현실 속에서 구현해야하는 과제를 갖고 있으며 문화는 '인간 삶의 고양' 내지 '인간 유형의 고양'을 실현시키는 과제를 품고 있는 것이다. 초기 니체에 따르면 문화의 과제는 "**우리 안과 밖에서 철학자, 예술가, 성자의 탄생을 촉진하고 그렇게 함으로써 자연의 완성을 도모하는 것**"[18]이라고 한다. '진정한' 문화를 건설하고 또한 이를 통한 '인간 유형의 고양'이라는 문제는 니체의 철학적 사유 전체를 관통하는 핵심 문제이다.[19] 이러한 문제의식은 『비극의 탄생』 시기에 정립되었지만 니체 사유 전체의 방향을 결정했던 것이다.

니체의 경우 문화를 비판하고 평가하는 관점은 문화와 삶 사이의 관계 속에서 찾아진다. 현실의 문화를 비판하고 평가하는 결정적인 기준은 이 문화가 인간으로 하여금 삶을 긍정하게 하는 데 기여하는지, 그리고 스스로의 삶을 고양시키는 데 기여하는지가 된다. 이와 같이 문화의 가치를 평가하는 기준은 삶이다.

제2장 문화의 유형론

이제 니체가 구분한 세 가지 문화 유형에 대해 살펴보자. 니체는 초기에 문화의 문제와 관련하여 다음과 같이 서술하고 있다. "온

18) KSA 1, 382쪽.

19) 니체는 1872년 여름 『유고』에서 다음과 같이 말하고 있다. "문화의 문제가 올바르게 파악된 적은 거의 없다. 문화의 목표는 한 민족의 최대 행복이거나 그 민족이 지닌 모든 능력을 자유롭게 발전시키는 데 있지 않다(...) 문화의 목표는 행복 이상의 것을 가리킨다. 위대한 작품을 창조하는 것이 문화의 목표이다. (...) 한 민족의 문화는 그 민족의 충동들이 통일적으로 통제될 때 드러난다"(KSA 7, 432쪽).

갖 유형의 **문화**는 무수히 많은 사물이 **베일로 은폐되는** 것과 함께 시작된다. 인간의 진보는 이러한 은폐에 달려 있다."[20] 니체에 따르면 문화의 형태들은 그 다양성에도 불구하고 근본적으로 공통의 의미를 갖고 있다고 한다. 문화는 삶의 심연과 고통을 은폐하고 더 나아가 삶을 미화함으로써 삶을 보존하고 고양시키는 자극제로서 기능해야만 한다는 것이다. 그리고 삶의 충동들의 특정한 혼합비율에 따라, 다시 말해 이러한 충동들이 만들어낸 각각의 삶의 자극제들의 혼합비율에 따라 특정한 문화 유형들이 등장하게 된다고 한다. 니체는 『비극의 탄생』에서 세 가지 유형의 문화를 구분하고 이 유형들을 단계적으로 서술하고 있다. "우리가 문화라 부르는 것은 이 자극제들로 이루어졌다. 혼합비율에 따라 우리는 **소크라테스적** 문화를 가지기도 하고 또는 **예술적** 문화, 아니면 **비극적** 문화를 가지기도 한다. 역사적 사례를 찾아도 좋다면, 알렉산드리아 문화 또는 그리스 문화나 불교 문화가 있다."[21] 이와 같이 세 가지의 문화 유형이 존재하는데, 예술적·그리스적 문화 유형, 소크라테스적·알렉산드리아적 문화 유형, 비극적·불교적 문화 유형이 그것이다.

니체에 따르면 이러한 문화 유형들이 현실에서 순수하게 존재하는 유형들은 아니다. 그렇기 때문에 순수하게 소크라테스적인 문화는 존재하지 않는다. 이러한 문화 유형의 구분은 단지 이념형(Idealtypus)의 의미를 지닐 뿐이다. 그 대신에 현실 속에서는 소크라테스적인 문화 특성이 보다 강하게 지배하는 문화가 존재한다는 것이다. 하나의 문화가 어떤 문화 유형으로 존재하는지는 한 문화 안

20) KSA 7, 435쪽.

21) KSA 1, 116쪽.

의 경쟁하는 삶의 충동들 사이에서 어떤 것이 지배적인 힘을 가졌느냐에 달려 있다. 예컨대 소크라테스적·알렉산드리아적 문화는 인식충동(논리적 충동)이 우세하게 나타나는 문화인 것이다. 그 반대로 그리스적·예술적 문화는 예술적 충동이 우세하게 나타나는 문화이다.

1) 예술적·그리스적 문화

니체에 따르면 예술적·그리스적 문화는 문화를 구성하는 충동의 힘들 속에서 예술적 충동이 우세함을 나타내는 특성을 지니고 있다. 말하자면 다른 충동들이 예술적 충동에 종속되어 있음을 뜻한다. 여기서는 세계를 예술적·미적으로 지각하고 해석하는 충동이 우세하게 나타난다. 니체에 따르면 예술적·그리스적 문화는 삶의 고통과 심연을 예술적으로 변용시켜 미화함으로써 삶을 고양시키는 특징을 갖고 있다고 한다. 세계의 찬미와 삶의 고양을 내용으로 하는 예술적·그리스적 문화는 삶과 세계의 미적 정당화이고 동시에 삶과 세계를 총체적으로 긍정하는 문화 유형이다.

이와 같이 그리스 문화가 예술적 문화의 모범적인 사례로 제시되었다. 이 문화에는 자연의 예술적 충동이 최상의 형태로 전개되어 있다. 우리는 이러한 현상을 그리스의 아폴론적 예술(미술과 조각 등)과 디오니소스적 예술(음악)에서 뿐만 아니라 아폴론적인 것과 디오니소스적인 것의 협력 속에서 탄생한 그리스 비극에서 볼 수 있다는 것이다.[22] 니체에 따르면 그리스 비극은 자연의 상호 투쟁하

22) KSA 1, 41쪽 이하를 참조하라.

는 충동들 사이의 조화를 표현한다. 예컨대 그리스 비극 신화의 형태에서 아폴론의 아름다운 꿈의 광경을 통해 디오니소스의 지혜가 언어로 나타나게 됨으로써 디오니소스와 아폴론의 근본적인 적대는 조화로운 통일 속에서 지양되기에 이른다는 것이다. "디오니소스적인 것의 마력 하에선 인간과 인간 사이의 연합만이 다시 이루어지는 것이 아니다. 소외되고, 적대적이거나 억압된 자연 역시 자신의 잃어버린 탕아, 즉 인간과의 화해의 제전을 다시 축하하게 된다. (...) 이제 노예는 자유민이다. 이제 곤궁, 자의 혹은 '파렴치한 유행'이 인간들 사이에 심어놓은 완고하고 적대적인 모든 구분들이 부서진다. 이제, 세계의 조화라는 복음에서 각자는 자신의 이웃과 결합되고, 화해하고, 융해되어 있음을 느낄 뿐만 아니라, 마치 마야의 베일이 갈가리 찢어져 신비로운 '근원적 일자' 앞에서 조각조각 펄럭이고 있는 것처럼 자신의 이웃과 하나가 됨을 느낄 것이다. 인간은 노래하고 춤추면서 보다 높은 공동체의 일원임을 표현한다."[23] 여기서 특징적인 것은 인간의 삶이 그것이 개체성의 모습이건 통일성의 모습이건 간에 예술형식 속에서 해석되고 있다는 점이다. 그리고 특히 중요한 것은 인간의 삶이 예술적·신화적으로 해석되고 있다는 점이다.

니체에 따르면 예술적·그리스적 문화는 그리스 비극에서 최고조에 도달했던 것처럼 사실상 '신화'에 근거하고 있다. 신화는 예술적 행위의 산물이지만 예술적 문화의 중요한 토대이다. 신화는 인간 삶과 세계를 예술적으로 해석할 때 토대가 되는 것으로서 삶에 관한 모든 예술적 해석의 출발점이다. 니체에 따르면 그리스인들은 "경험

23) KSA 1, 29쪽 이하.

한 모든 것을 즉시 그들의 신화"와 연결시킨다고 한다. 말하자면 그들은 자신들의 경험들을 이러한 연관 속에서만 이해할 수 있었다. "그래서 그들에게는 가까운 현재도 '영원한 모습 아래의 것', 어느 정도 시간을 초월한 것처럼 보일 수밖에 없었다. 그러나 국가나 예술은 순간의 부담과 탐욕에서 쉬기 위해 시간을 초월한 것의 흐름 속에 몸을 담근다. 한 민족의 가치는 - 인간의 가치도 마찬가지로 - 자신의 경험에 영원성의 낙인을 찍을 수 있는 정도에 달려 있다. 왜냐하면 그렇게 함으로써 민족이나 인간은 세속에서 벗어나고, 시간의 상대성 그리고 삶의 진정한, 즉 형이상학적 의미에 대한 자신의 무의식적 확신을 보여주기 때문이다."[24] 그리스 문화는 비극 신화의 형태에서 예술적 문화 유형의 정점에 도달한다. 그리스 비극 축제는 이와 같이 그리스 영혼 안에서의 충동들의 조화로운 균형을 표현하고 있다. 그렇기 때문에 그리스 비극 신화의 몰락은 그리스 영혼의 변질과 타락이라고 니체는 주장했던 것이다.

이제 이러한 예술적·그리스적 문화를 파괴하는 새로운 문화 유형이 등장하게 되는데, 소크라테스적·알렉산드리아적 문화가 바로 그것이다. 이 문화는 비극의 신화를 파괴했고 이것은 곧 예술적 세계해석의 파괴를 야기했고 예술적 문화의 몰락을 가져왔다.

2) 소크라테스적·알렉산드리아적 문화

소크라테스적·알렉산드리아적 문화의 중요한 특징은 인식 충동[25] 내지 논리적 충동이 다른 충동들을 지배하고 있다는 데서 드

24) KSA 1, 147쪽 이하.

러난다. 니체에 따르면 이제부터 세계에 대한 논리적·학문적 해석이 예술적·신화적 해석을 대체한다. 니체는 소크라테스를 논리와 인식 충동으로 무장한 대표적인 인물로 묘사하고 있다. 소크라테스는 고대 그리스의 영혼 안에서 진정한 충동들의 질서가 무너진 상태를 상징적으로 보여준다고 한다. 따라서 니체는 소크라테스를 예술적·그리스적 문화의 몰락의 징후로서 간주한다.

니체는 소크라테스를 인식과 지식을 추구하는 논리적 인식충동의 상징으로 간주하고 소크라테스적 삶의 특징을 다음과 같이 묘사하고 있다. "최초로 소크라테스라는 인물을 통해 알려지게 된 의미심장한 망상 하나가 있다. 그것은 사유는 인과성의 실마리를 따라 존재의 가장 깊은 심연에까지 이를 수 있으며, 사유가 존재를 인식할 수 있을 뿐만 아니라 심지어 수정할 능력이 있다는 매우 확고한 믿음이다."[26] 소크라테스는 이론적 인간의 전형이다.[27] 이론적 및 학문적 인간 유형은 세계와 인간의 실존을 미적 현상으로 정당화하거나 아폴론적 및 디오니소스적 예술충동의 타당성을 인정하지 않는 대신에 이성을 통해 존재의 비밀을 밝히려 한다는 것이다. 이와 같이 이론적 인간은 예술적 인간 유형과 반대로 "존재를 개념화할 수 있는 것으로 만들고, 이렇게 함으로써 존재를 정당화"[28]하려는 것이다. 니체에 따르면 소크라테스는 "이른바 세계사의 전환점과 소용돌이"[29]를 뜻한다. 소크라테스가 서양 역사에서 전환점에 해당하

25) KSA 7, 424쪽과 KSA 1, 88쪽 이하를 참조하라.

26) KSA 1, 99쪽.

27) KSA 1, 98쪽 이하를 참조하라.

28) KSA 1, 99쪽.

29) KSA 1, 100쪽. 그는 자신의 마지막 저술 중 하나인 『우상의 황혼』에서

는 이유는 그가 예술적 인간에 대한 이론적 인간의 승리를 나타내고, 다시 말해 세계와 삶의 예술적·신화적 해석에 대한 학문적 해석의 승리를 대변하기 때문이다. 이제 삶과 세계는 더 이상 예술과 신화의 범주에서 해석되지 않고 학문과 도덕의 지배 하에 들어가게 된다.

니체에 따르면 소크라테스적·알렉산드리아적 문화의 망상은 바로 이성을 통해 모든 존재의 근원을 파악하고 필요한 경우에는 수정할 수 있다는 낙관주의에 있다. 또한 근대의 세계관도 이러한 소크라테스의 낙관주의를 따르고 있다고 한다.[30] 소크라테스는 무제한의 지식욕망의 원형이다. 이성의 절대적 힘에 대한 그의 믿음은 윤리적 행위도 지식과 인식에 의존하도록 만들었다. 이러한 과정 속에서 윤리의 영역에서도 윤리의 기초로서 공동체를 형성하던 신화의 힘은 사라지게 되었고 그 힘은 이성과 지식에 의해 대체되었다고 한다.

소크라테스는 존재는 이성적이며 또한 이성적으로 인식가능하다고 생각했다. 따라서 이성적으로 이해 불가능한 예술적·신화의 세계는 이성의 왕국에 존재할 자격이 없는 것이다. 말하자면 소크라테스적·알렉산드리아적 문화 속에서는 이성의 타자로서의 그리스 신화와 그리스 비극은 파괴될 수밖에 없다.[31] 하지만 니체에 따르면

다음과 같이 쓰고 있다. "나는 소크라테스와 플라톤을 쇠약의 징후로, 그리스를 와해시키는 도구로, 사이비 그리스적이라고, 반그리스적이라고 파악했다[비극의 탄생, 1872]"(KSA 6, 68쪽).

30) 학문의 낙관주의에 대한 니체의 비판에 관해서는 이상엽, 「삶과 학문-니체의 학문비판」, 철학과 현상학 연구 21집, 한국현상학회 2003, 441~464쪽을 참조하라.

31) KSA 1, 83쪽과 111쪽 이하를 참조하라.

이러한 예술 충동에서 인식 충동으로의 전환, 즉 학문에 의한 예술의 대체는 사실상 문화의 진보라기 보다는 문화의 몰락을 뜻한다. 후기에 니체는 이러한 소크라테스적·알렉산드리아적 문화를 '문명' 개념 속에서 논의했고, 문명에 대한 비판적인 태도를 끝까지 유지하였다.

3) 비극적·불교적 문화

니체는 비극 개념과 불교 개념을 이례적으로 통합함으로써 '비극적·불교적 문화유형'을 제시했다. 이 문화 유형은 인과적 사유를 통해 존재를 인식할 수 있다는 낙관주의가 의문시된 상태, 더 나아가 세계와 삶은 이성을 통해서 정당화될 수 없음을 시인해야만 하는 상태를 기반으로 하는 문화를 뜻한다. 비극적·불교적 문화의 토대에는 모든 환상은 파괴되어야 한다는 '비극적 인식'[32]이 놓여 있다. 이 문화는 체념의 문화로서 불교적 염세주의를 함축하고 있다.

초기에 니체는 칸트와 쇼펜하우어의 이성 비판과 이성의 한계 설정으로부터 많은 영향을 받았다.[33] 그에 따르면 칸트와 쇼펜하우어는 자신들의 비판을 통해 소크라테스적·알렉산드리아적 문화의 근거가 되는 논리학과 변증법의 과도한 낙관주의에 대해 승리했다는 것이다.[34] 칸트와 쇼펜하우어가 시간, 공간, 인과의 범주들은 이제 더 이상 세계 비밀을 완전하게 인식하거나 규명할 수 있는 능력

32) KSA 1, 101쪽.

33) 니체와 칸트의 관계에 대해서는 이상엽, 「니체의 칸트 수용과 비판」, 『칸트철학과 현대』, 한국칸트학회 2002, 161~192쪽을 참조하라.

34) KSA 1, 118쪽을 참조하라.

이 없다는 점을 밝혀냈기 때문이다. 그들은 무제한적인 이성의 요구를 비판하고 이성의 인식 능력에 경계를 설정한다. 이로써 모든 환상으로부터 벗어나야만 한다는 '비극적 인식'이 등장하게 된다. 니체는 "이러한 인식과 더불어 내가 감히 비극적 문화라고 표현하는 문화가 시작된다"[35]고 주장한다.

소크라테스적·알렉산드리아적 문화의 토대인 낙관주의에 대해 '비극적 인식'의 승리하게 됨으로써 논리적 충동은 의문시되고, 이제 다시 새롭게 예술적 근본충동이 힘을 얻게 된다. '비극적 인식'이 학문과 이성에 함축된 낙관주의를 망상으로 폭로하게 되면, 인간은 예술을 형이상학적 위안으로서 다시 요청하게 된다. 이론적 지식이 한계에 다다랐기 때문에 다시 예술에 대한 요청이 일어나게 된다는 것이다. 이론적 인간이 신화의 살해자로서 세계와 삶에 대한 신화적 해석을 파괴했었다면, 이제는 학문의 몰락이 예술적·신화적 사유의 부활을 가능하게 한다.[36] 니체가 소크라테스적·알렉산드리아적 문화가 비극적·불교적 문화로 전환되는 것을 필연적 현상으로 본 것은 주목할만하다.[37] 초기 니체는 문화의 형태가 단계적으로 변화한다는 생각을 한 것처럼 보인다. 소크라테스적·알렉산드리아적 문화는 비극적·불교적 문화로 전환되고 이렇게 됨으로써 예술과 신화가 부활하게 되고 다시 예술적 문화의 탄생 가능성이 열리게 된다는 것이다.

니체에게 바그너의 음악은 독일 신화의 부활을 뜻했다.[38] 『비극

35) KSA 1, 118쪽.

36) KSA 1, 119쪽 이하를 참조하라.

37) KSA 1, 132쪽을 참조하라.

38) 초기 니체의 새로운 문화 유토피아 건설에 관한 논의는 Roland Bouda,

의 탄생』 시기의 바그너의 예술작품은 니체에게 하나의 예술작품이라기 보다는 '진정한' 문화를 건설하는 힘의 재탄생을 뜻했다.[39] 바그너 음악의 정신으로부터 비극의 재탄생은 곧 진정한 문화의 재탄생을 뜻했다. 그리고 바로 이것은 소크라테스적·알렉산드리아적 문화의 최종적 지양을 뜻한다. 한편으로 이성과 학문이 힘을 상실하는 과정과 다른 한편으로 신화의 재탄생 과정 속에서, 문화는 그동안 학문에 의해 억압되었던 신화를 새롭게 발견하고 요구한다. 니체는 바그너의 음악을 통해 소크라테스·알렉산드리아적 문화의 극복이 일어나길 원했다. 그리고 그는 바그너 음악이 하나의 새로운 예술적 문화 공동체를 형성할 수 있는 힘이라는 희망을 가졌다.

4) 교육과 문화 혁신

니체는 바그너의 예술작품 속에서 예술적·신화적 세계의 새로운 출발을 보았지만 다른 한편으로 이를 위해서는 교육의 혁신이 시급하게 필요하다고 판단했다. 한편으로는 예술을 통해, 다른 한편으로는 교육을 통해 근대 문명의 야만과 혼돈이 극복됨으로써만 '진정한' 문화가 실현될 수 있기 때문이다. 『비극의 탄생』과 『반시대적 고찰』에서 교육은 예술 및 문화와 관련해서 다루어졌다.[40]

Kulturkritik und Utopie beim frühen Nietzsche, Frankfurt am Main 1989를 참조하라.

39) 니체와 바그너의 관계에 대해서는 김미기, 「니체, 바그너 그리고 그 역사적 의미」, 『니체연구』 7집, 한국니체학회 2005, 191~217쪽을 참조하라.

40) 니체의 교육 문제에 관해서는 Ulrich Grummes, *Das Problem der Bildung - Eine Auseinandersetzung mit dem Denken des jungen Nietzsche*, München 1971; Wolfgang Schmid, *Die Grundlegung der Bildung im Denken des*

우선 교육은 이론적 인간과 다른 유형의 인간을 형성하는 데 기여해야만 한다. '소크라테스적' 교육은 학문적·비판적 인간을 길러내는 비예술적 교육이고, 예컨대 소크라테스적·알렉산드리아적 문화의 관객 유형은 비판적 관객이다. 이 관객은 예술작품을 단지 학문적·도덕적 방식으로만 감상하고 순수 미적으로 수용하지 못한다.[41] 당시의 교육은 소크라테스적·알렉산드리아적 문화를 반영하고 있는데, 근대 산업세계의 문제점은 단지 '미적' 교육을 통해서만 극복될 수 있다고 니체는 보고 있다. 그리고 둘째로, 교육은 천재의 생성과정을 촉진해야만 한다. 진정한 교육은 개인들이 국가의 이익에 종속되는 것을 저지해야만 한다. 그 대신에 예술적 양식의 통일성이 구현된 '고귀한' 문화를 창조하는 천재들이 탄생하는 데 기여해야만 한다. 니체는 이 천재들로부터 건설된 문화가 인간 유형의 '고양(Erhöhung)'을 만들어낼 것이라고 예견한다.

제3장 문명화의 문제: 윤리와 도덕

니체는 『인간적인 너무나 인간적인』부터는 이제 더 이상 바그너 음악의 정신으로부터 비극 신화의 부활을 논하지 않는다. 니체가 초기의 예술가-형이상학적 문화비판으로부터 결별하자마자 인간의 삶과 세계의 예술적·미적 정당화 문제는 "지금까지의 모든 수준을 넘

---

jungen Friedrich Nietzsche, Köln 1971; Rainer Kokemohr, *Zukunft als Bildungsproblem - Die Bildungsreflexion des jungen Nietzsche*, Düsseldorf 1973을 참조하라.

41) KSA 1, 143쪽 이하를 참조하라.

어서는 **문화 조건들의 인식**"을 위해 배후로 잠복해 들어간다. 이러한 인식은 "다음 세기의 위대한 사상가의 거대한 과제"[42]로 여겨졌다. 이제 니체의 문화철학은 유럽 문화의 지배적인 도덕적 가치와 도덕적 범주에 대한 계보학적 연구로 전환된다. 이러한 계보학적 연구는 유럽에서 지배적인 도덕적 가치판단의 유래와 이 도덕적 가치가 지닌 '가치'를 밝힘으로써 유럽의 문화가 어떤 특성을 지니고 있는지를 드러내고 '진정한' 문화의 조건을 인식하는 데 목표를 두고 있다.

니체는 『인간적인 너무나 인간적인』의 문제 영역에서는 지배적인 도덕적 가치들과 선입견들의 생성사를 묘사하려고 한다. 풍습의 윤리(Sittlichkeit der Sitte)와 같은 주제들이 전면에 등장하게 된다. 이때 니체의 문화 개념에서 나타나는 특징은 그가 문화를 세계와 삶의 예술적 정당화와 관련해서가 아니라 '잔혹성' 및 '폭력'과 관련해서 해석하고 있다는 점이다. "인류의 역사에서도 그렇다. 가장 격렬한 힘들이 먼저 파괴적으로 길을 터놓는다. 그럼에도 불구하고 그 힘들의 활동은 그 후 더 온화한 문화가 집을 세우기 위해 필요했다. 사람들이 악이라 부르는 그 공포스러운 활력은 외눈 거인과 같은 건축가이며 인간성의 길을 만드는 자이다."[43] 이와 같이 『인간적인 너무나 인간적인』 이후부터 그의 문화 사유는 문화의 역사를 '잔혹성'과 관련해서 살펴보는 데 집중되어 있는데, 이때의 '문화'의 역사는 문화화의 과정이 아니라 문명화의 과정으로 묘사되고 있다.

니체에 따르면 서양의 문명은 법과 풍습의 윤리가 카오스에 질서를 부여하는 과정에서 시작되었다고 본다. 법과 풍습의 윤리는 카

---

42) KSA 2, 46쪽.

43) KSA 2, 205쪽.

오스에 질서를 부여하는 힘이다. 이것은 충동들의 혼돈에 통일성을 만드는 예술과 같은 역할을 하는 것이다. 법과 윤리는 아주 능동적이고 구성적인 작업이다. 법과 윤리는 위계질서, 서열, 권력관계 등을 만들어내기 때문이다. 법과 윤리는 사람들로 하여금 고통을 기억하게 하는 '형벌'을 통해 공동체의 질서를 이룩한다. 법과 도덕을 통해 공동체가 생성되었고 이것이 곧 문명화의 과정의 첫 단계에 해당된다. 그리고 이제 '인간을 가축으로 길들이기(Tierzähmung)'[44]의 과정이 시작된다.

이와 같이 서양 문명은 사실상 '인간을 가축으로 길들이기'라는 성격을 지니고 있는데, 이러한 서양 문명의 특징은 이 문명 안에서의 지배적인 도덕 범주와 그것의 가치에 대한 계보학적 연구를 통해서만 완전하게 파악될 수 있다고 한다. 니체에 따르면 서양 문명의 본질을 이루고 있는 것은 바로 도덕(Moral)이다. 따라서 "우리에게는 도덕적 가치를 **비판**하는 것이 필요한데, **이러한 가치들의 가치는 우선 그 자체로 문제시되어야만 한다.** - 이를 위해서는 이러한 가치들이 성장하고 발전하고 변화해 온 조건과 상황에 대한 지식이 필요하다(결과와 증후, 가면과 위선의, 질병과 오해로서의 도덕, 그러나 또한 원인과 치료제, 자극제와 억제제, 독으로서의 도덕). 그와 같은 지식은 지금까지 존재한 적도 요구된 적도 없었다."[45] 니체는 『도덕의 계보학』에서 특히 '죄책감'과 '의무감' 같은 도덕의 범주들을 다룬다. 그에 따르면 강력한 충동들이 외부로 방출되지 않고 그 대신에 이러한 충동들이 내부로 방출될 때, 즉 충동들의 내면화가

---

44) KSA 13, 485쪽.

45) KSA 5, 253쪽.

일어날 때 죄책감이나 양심 같은 도덕적 범주들의 생겨난다고 한다. "밖으로 발산되지 않는 모든 본능은 안으로 향하게 된다. 이것이 내가 말한 인간의 내면화이다. 이로 인해 후에 '영혼'이라고 불리는 것이 인간에게서 자라난다. 처음에는 두 개의 피부 사이에 펼쳐진 것처럼 얇았던 내면 세계 전체가 인간이 밖으로 발산하는 것이 저지됨에 따라 더 분화되고 팽창되어 깊이와 넓이와 높이를 얻게 되었다. 오래된 자유의 본능에 대해 국가 조직이 스스로를 방어하기 위해 구축한 저 무서운 방어벽은 - 특히 형벌도 이러한 방어벽에 속한다 - 거칠고 자유롭게 방황하는 인간의 저 본능을 모두 거꾸로 돌려 인간 자신을 향하게 하는 일을 해냈다."[46] 니체에 따르면 공격적인 충동들은 한편으로 풍습의 윤리(Sittlichkeit der Sitte)에서는 공동체 건설자의 폭력의 잔혹성으로서 등장하지만, 도덕(Moral) 속에서는 바로 인간 스스로에게 향하는 잔혹성의 형태로 등장한다는 것이다. 말하자면 의무와 당위의 의식 같은 도덕성은 자기 자신을 향하는 잔혹성의 변형물이라는 것이다.[47] 그리고 잔혹성의 내면화와 정신화는 삶에 대한 기독교의 해석을 통해 그 정점에 도달하게 된다고 한다.[48] 여기서 니체가 말하고자 하는 결론은, 이러한 잔혹성의 내면화에 의해 발생한 도덕적 가치들이 바로 인간을 가축과 같은 유형으로 길들이는 힘이라는 것이고 이것이 문명화과정의 본질이라는 것이다.

46) KSA 3, 322쪽.

47) 잔혹성의 내면화로부터 죄책감의 유래에 관한 논의에 대해서는 Werner Stegmaier, *Nietzsches 'Genealogie der Moral'*, Darmstadt 1994, 155쪽 이하를 참조하라.

48) KSA 5, 339쪽 이하를 참조하라.

한편, 니체는 근대 문명에서 학문이 발전하게 된 이유를 도덕적 가치가 지배적인 가치가 되었다는 사실에서 찾고 있다. 니체가 주장하는 바는 근대 문화의 인식 충동 및 논리적 충동은 사실상 도덕적 가치로부터 정당화되었다는 점이다. 다시 말해 진리는 존재할 수밖에 없고 진리가 오류보다 더 가치 있는 것이라는 도덕적 선입견이 진리에의 의지, 인식과 학문에의 열정을 낳았다는 것이다.[49] 니체에 따르면 진리를 최고의 가치로서 평가하는 것은 결국은 도덕적 결단에 근거하고 있다. 진리의 문제는 순수하게 학문의 문제가 아니라 실제로는 도덕적 선입견에서 비롯된 문제인 것이다. 근대 학문은 인간을 가축으로 길들이는 문명화과정의 강력한 추진력 중 하나이다.

하지만 문명화 과정은 가축적인 인간 유형을 넘어서 새로운 인간 유형을 낳을 것이고 또한 이러한 인간들이 창조적·예술적으로 활동하게 된다면, 진정한 문화의 탄생을 볼 수 있을 것이라고 니체는 예견한다. 이와 같이 풍습의 윤리에서 시작되어 도덕과 학문을 거쳐 전개된 문명화 과정은 결국은 '주권적 개인'을 탄생시키게 될 것이라고 니체는 보고 있다. "인간은 풍습의 윤리와 사회적 강제라는 의복에 힘입어 실제로 예측할 수 있게 만들어졌다. 이에 반해 우리가 거대한 과정의 종점, 즉 나무가 마침내 그 열매를 무르익게 하고, 사회성과 풍습의 윤리가 무엇에 이르는 수단에 불과했다는 것이 마침내 드러나는 지점에 서서 본다면, 우리는 그 나무에 가장 잘 익은 열매로 주권적 개인을 발견하게 될 것이다. 이는 오직 자기 자신과 동일한 개체이며, 풍습의 윤리에서 다시 벗어난 개체이고, 자율적이고 초윤리적인 개체(왜냐하면 '자율적'과 '윤리적'은 서로 배타

49) KSA 3, 577쪽.

적이기 때문이다), 즉 간단히 발해 약속할 수 있는 자기 자신의 독립적인 오래된 의지를 지닌 인간이다. (...) '자유로운' 인간, 즉 오랫동안 지속되어 부수기 어려운 의지를 소유한 자는 이렇게 소유할 때 또한 자신의 가치척도가 있다."[50] 문명화과정은 결과적으로는 자유로운 인간을 탄생시키고 새로운 예술적 문화의 존재가능성을 열게 된다는 것이다.

니체의 문화철학은 기존의 문화의 문명적 성격과 근대 문명의 핵심을 파악함으로써 새로운 인간 유형과 새로운 문화의 탄생의 필연성을 살펴보는 작업이라고 할 수 있다. 이러한 사유 과정에서 니체는 자신의 문화 개념을 초기 보다 훨씬 명확히 제시한 것처럼 보인다. 그의 후기의 『유고』들 속에서는 문화와 문명의 적대관계 속에서 문화를 파악하려는 그의 노력들과, 예술 세계로서의 문화를 현실에 어떻게 구현시킬 수 있는지에 관한 그의 많은 고민들을 발견할 수 있다. 이제 이에 관해서 살펴보자.

제4장 문화와 문명

니체는 후기의 『유고』들 속에 문화와 문명간의 대립관계에 대해 많은 분석을 남겨놓았다.[51] 이 분석은 니체의 문화철학의 중심적인 사유에 해당된다. 니체에 따르면 "문화와 문명의 정점은 서로 떨어

50) KSA 5, 293쪽 이하.

51) 문화와 문명의 관계에 대해서는 Reinhart Maurer, "Handeln und Machen - Zum Begriff der Kultur", In: Ders., *Revolution und Kehre*, Frankfurt am Main 1975, 118쪽 이하를 참조하라.

져 있다. 문명과 문화 간의 심연적인 적대 관계가 오도되어서는 안 된다. 문화의 위대한 시점은 언제나 도덕적으로 말하자면 부패의 시대였다. 한편 인간을 **가축으로 길들이기**를('문명') 의욕하고 강제하는 시기는 그지없이 정신적이고 대담한 본성의 소유자에게는 참아낼 수 없는 시기다. 문명이 원하는 것은 문화가 원하는 것과는 다르다. 아마도 정반대의 것이리라."[52] 그는 "문화와 문명의 대립관계"라는 제목으로 다음과 같이 쓰고 있다. "문화의 정점과 문명의 정점은 **분리**되어 있다. 이 두 개념의 대립을 오도해서는 안 된다. **문화**의 위대한 순간들은 **부패**의 시간들이다. 도덕적으로 표현하면; 인간을 가축으로 길들이기('문명')를 의욕하고 강요한 시기들은 가장 정신적으로 과감한 존재들에 대해, 그리고 그 시기에 가장 적대하는 자에 대해 관대하지 않은 시기들이다."[53]

니체는 문화와 문명의 심층적인 대립관계에 대해서 말한다. 니체에 의해 인간을 가축으로 길들이는 과정으로 해석된 문명화과정은 인간들을 평준화하고 평균화함으로써 공동체 삶의 '질서'와 '안정'을 지향한다. 니체의 경우 문명이 평균인을 위한 과정임에도 불구하고 문명을 전적으로 거부할 이유는 전혀 없다. 문명화과정이 인간을 가축으로 길들이는 과정으로서 필연적으로 허약한 인간유형을 만들어 낸다고 할지라도,[54] 문명은 인류의 성과로서 평가되어야만 한다. 문

---

52) KSA 13, 485쪽 이하.

53) KSA12, 416쪽.

54) 니체는 문명이 만들어낸 인간 유형에 대해 다음과 같이 말하고 있다. "'선한 인간'은 문명의 각 단계에서 위험하지 않은 자이자 동시에 유용한 자이다: 그는 중간 종으로서, 누가 두려움의 대상이 아닌지, 누가 그럼에도 불구하고 경멸의 대상이 아닌지에 관한 일반적 인식을 표현하고 있다"(KSA 15, 485쪽).

명화과정은 맹수 같은 인간본성에 대항하는 투쟁으로서, '위험한 인간'들에 대항하는 투쟁으로서 필수불가결한 과정이기 때문이다. "위대한 인간에 맞서는 싸움은 아주 합리적이다. 위대한 인간은 위험하고 우연이고 예외이고 사나운 날씨이며, 서서히-세워진 것과 서서히-근거지워진 것을 문제 삼을 수 있을 정도로 강하다. 확고하게 믿어진 것에 대한 의문 부호 인간. 이런 폭발물을 무해하게 해제할 뿐만 아니라, 가능하다면 그것의 형성과 축적을 미리 방지할 것: 모든 문명화된 사회의 본능은 그렇게 충고한다."[55] 문명의 관점에서 보면 이러한 예외적인 인간들을 위험하지 않게 만들고 제약하는 것이 이성적인 것이다. 문명화과정은 우선 삶의 보존과 물질적 재생산을 보장하는 과제를 갖고 있다. 이를 위해 한편으로 윤리와 도덕이, 다른 한편으로 사회적 노동 조직이 중요한 역할을 하게 된다. 이로써 하나의 공동체는 인간의 물질적 욕구를 충족시키면서 힘의 낭비를 막게 된다.

문화와 문명은 근본적으로 상이한 것이지만 단계적으로 볼 때 문화는 단지 물질적 삶이 순조롭게 재생산되는 그러한 성공적인 사회 조직을 토대로 해서만, 즉 문명을 토대로 해서만 가능하다. 다시 말해 문화에의 욕망은 물질적 삶의 생산과 재생산이 보장된 곳에서만 실현될 수 있다는 것이다. 니체는 『비극의 탄생』 시기부터 계속해서 상위의 영역으로서의 문화는 하위의 영역으로서의 노동과 노예적 타율성을 전제할 수밖에 없다는 생각을 견지했다. 니체에 따르면 우리는 다음과 같은 "잔혹하게 들리는 진리"를 인정해야만 한다. "**문화의 본질에는 노예제도가 속해 있다**는 사실"이 그것이다. 그리고

55) KSA 13, 485쪽.

그는 다음과 같이 말한다. "힘겹게 삶을 이어가는 인간들의 고통은 소수의 올림푸스적 인간들이 예술 세계를 생산할 수 있도록 하기 위해 더욱 커져갔어야만 했다. 바로 여기에 공산주의자와 사회주의자들 그리고 더욱 창백한 그 후예들, 즉 '자유주의자들'이라는 백인 종족이 예술과 고전적인 고대 그리스에 대해 품었던 원한의 원천이 있다. (...) 정의와 고통의 평등에 대한 본능은 다른 모든 표상을 침수시킬 것이다."[56] 이와 같이 예술 세계로서의 문화는 사회적 자기 보존과 재생산을 위한 노동을 토대로 할 경우에야, 말하자면 이러한 부담과 구속을 토대로 할 경우에야 비로소 도달될 수 있다.[57] 이러한 소외를 기초로 해서, 다시 말해 필연성의 왕국을 기초로 해서 창조적이고 예술적인 문화 세계로서의 자유의 왕국이 성장하게 된다. 여기서 인간은 물질적 삶의 생산과 재생산의 억압적 노동으로부터 해방되어 예술적·미적 문화의 창조자가 된다. 하지만 이러한 사회의 자기보존 및 재생산 질서에 대항하는 모든 자유로운 '실험'과 '시도'는 문명의 관점에서는 힘의 낭비, 손실, 소멸, 위험으로 나타나고, 도덕적으로 말하자면 부패(Korruption)로 간주될 것이라는 것이 니체의 생각이다.[58] 그러나 바로 이러한 실험적 자유가 문명의 단계

56) KSA 1, 767쪽 이하.

57) 니체는 후기에는 다음과 같이 교육에 대해 말하고 있다. "**교육**: 규칙을 위해서 예외를 파괴하는 수단의 체계. **교양**: 평균인을 위해 예외의 인물에 **대항하는** 취향을 마련하는 수단의 체계. 이것은 냉혹한 것이지만 경제적으로 보면 아주 이성적인 것이다. 하나의 문화가 아직 자신을 보존하려는 노력을 기울이고, 모든 예외적인 것이 일종의 힘의 낭비(방향을 벗어나게 하고 그릇된 방향으로 인도하고 병들게 하고 고립시키는 것)를 표현하고 있는 동안에는 적어도 그렇다. 예외의 문화, 시도의 문화, 위험의 문화, 뉘앙스의 문화, 즉 낯선 식물을 위한 **온실 문화**는 힘이 충분하게 있기 때문에 이제 낭비마저 경제적인 것이 될 때에야 비로소 존재에 대한 권리를 갖는 것이다"(KSA 13, 484쪽 이하).

를 넘어 고귀한 문화의 단계로 나아갈 수 있는 가능성을 갖고 있다고 한다.[59]

문명의 목적은 사실상 문화이다. 문명화의 단계가 충분한 힘을 발휘하게 된다면 인간은 '고귀한' 문화의 '사치'를 누릴 수 있게 된다. 물론 이러한 향유는 '문명'의 관점에서 볼 때는 낭비이자 부패로서 나타난다. 그러나 '삶'의 관점에서 보면 이러한 문화의 창조는 삶의 고양을 추구하는 인간의 노력을 반영하고 있는 것이다. 다시 말해 문화는 정형화되고 평균화된 삶의 방식에서 벗어나 새로운 삶의 방식을 실험하는 자유를 표현하고 있는 것이다. 바로 이러한 실험 속에서 문명과 문화의 대립성을 극복하고 문명에서 문화로의 길을 발견하게 된다. 문명이 이룩한 것을 보존하려고 하는 반면에, 문화는 실험 속에서 자기 자신을 넘어 상승하고자 하는 특성을 지닌다.

니체가 문화와 문명을 근본적인 대립관계고 파악하는 것은 그의 존재론과 밀접한 연관이 있다. 니체에 따르면 모든 존재의 본성은 '힘에의 의지'라고 한다. 모든 존재는 힘에의 의지를 본질로 한다. 즉 모든 삶은 힘을 추구한다는 것이다. 그러나 힘에의 의지는 현실적으로는 크게 두 가지 모습으로 나타난다고 한다. '삶의 보존'과 '삶의 고양'이라는 두 가지 모습이 바로 그것이다.[60] 자기 보존을

---

58) 니체의 '부패(Korruption)' 개념의 문화비판적 성격에 관해서는 Renate Reschke, "'Korruption' - Ein kulturkritischer Begriff Friedrich Nietzsches zwischen Geschichtsphilosophie und Ästhetik", In: *Nietzsche-Studien 21*, 1992, 137~162쪽을 참조하라.

59) 니체의 철학을 실험철학으로 해석하는 것에 대해서는 Friedrich Kaulbach, *Nietzsches Idee einer Experimentalphilosophie*, Böhlau 1997, 강영계, 『니체, 해체의 모험』, 서울: 고려원 1995를 참조하라.

60) 니체에 따르면 "자기 보존에의 의지는 삶의 근본적 충동이 위기에 처하

얻기 위한 '힘에의 의지'가 우세한지, 아니면 자기 보존을 넘어서 어떤 '고귀한' 것을 얻기 위한 '힘에의 의지'[61]가 우세한지에 따라 한 집단의 모습은 달리 나타난다는 것이다. 전자의 의지로부터는 문명이, 후자의 의지로부터는 문화가 탄생한다는 것이 니체의 생각이다.

문명과 문화의 문제를 힘에의 의지와 관련해서 다루는 것은 니체가 초기 『비극의 탄생』 시기에 충동들로부터 문화의 유형을 설명했던 것과 유사한 관점이다. 문명이냐 문화냐의 문제는 충동들의 유형에 달려있다. 니체는 한 집단 내에서 어떠한 충동들이 객관화되었는지를 묻는다. 만약 삶을 단순히 보존하려고만 하는 충동들이 삶을 변화시키고 고양시키려는 힘을 지배하게 된다면, 평온과 안정에의 욕망만이, 즉 인간을 가축으로 길들이려는 문명만이 찬미된다. 이러한 '부정적(소극적 내지 금욕적)' 힘에의 의지는 새로운 삶의 차원을 제거하려고 할 것이다. 이로써 부정되는 것은 이미 도달된 단계를 극복하고 스스로를 넘어 창조하려는 의지이다. 하지만 이러한 의지 반대편에 자기를 극복하고 삶을 긍정하는 의지가 있다. 니체의 '차라투스트라'는 삶을 긍정하는 자, 즉 '힘에의 의지'를 긍정하는

거나 위축되어 있을 때 나타난다. 그러나 삶의 근본적인 충동은 **힘의 확장**을 지향하고 있고 이러한 의지 때문에 때로는 자기보존을 문제 삼고 희생시키기도 한다. (...) 생존을 위한 투쟁은 단지 **예외**에 속할 뿐이고 삶의 의지가 일시적으로 제한된 것에 불과하다. 크고 작은 투쟁들은 언제나 우월, 성장, 확산, 힘을 둘러싸고 이루어지고 있다. 이것들은 힘에의 의지를 따르고 있으며, 이 힘에의 의지가 바로 삶의 의지이다"(KSA 3, 585쪽 이하).

61) 니체는 다음과 같이 말하고 있다. "현존하는 것은 현존하는 것을 원할 수 없다. 현존하지 않는 것도 마찬가지로 현존하는 것을 원할 수 없다. 따라서 현존에 대한 의지는 없다. 현존에 대한 의지란 하나의 옳지 않은, 그리고 모순된 말의 조합이다. 아마 보다 깊은, 보다 고귀한, 또는 다른 현존에 대한 의지라고 이해해야할 것이다"(KSA 9, 71쪽).

자의 상징이며, 바로 소크라테스적-알렉산드리아적 문명의 타자, 즉 문화 창조자를 뜻한다.

니체에 따르면 예외적 인간들은 문명의 발전과정의 가장 높은 단계에서 탄생한다. 그들은 바로 문명의 인간 길들이기 과정에서 가장 성공적인 생산물이다. 그들은 평균적인 것을 지향하는 거대한 대중에게 거리를 두고, 자신의 창조적 실험적 자유를 누리면서, 예술적 문화의 건설을 시도하는 자들이다. 이 개인들로부터 니체가 문명의 정점의 '정반대의 것'이라고 지칭했던 것, 즉 문화의 형성이 시작된다. 니체는 바로 이러한 상황이 당대의 사회 속에서 곧 일어나게 될 것이라고 예견했다. "유럽인의 평준화는 저지할 수 없는 막강한 과정이다: 이 과정을 더욱 가속시켜야 한다./ 간격을 벌림, 거리, 서열의 필연성이 이렇게 해서 주어진다. 위의 과정을 느리게 해야 한다는 필연성이 아니라./ 이런 평준화된 종은 평준화가 이루어진 즉시 정당화되어야 한다. 평준화된 종은 좀더 높은 주권적인 종에 봉사한다. 후자는 전자를 지반으로 하며, 이렇게 할 때 비로소 후자는 자신의 과제로 스스로를 고양시킬 수 있다./ 자신의 과제를 단지 통치하는 것으로만 소모하는 군주종족뿐 아니라, 고요한 삶의 영역을 가지며, 가장 정신적인 것에 이르는 아름다움과 용기와 문화와 태도를 위해 넘치는 힘을 갖는 종족. 이러한 큰 향유를 자신에게 허가할 수 있는 긍정하는 종족, 덕의 명령을 필요로 하지 않기 위해 충분히 강해지고 절약이라든가 작은 일에 구애받을 필요를 갖지 않기 위해 충분히 풍부해진 종족, 선악의 저편, 진기하고도 엄선된 식물들의 온실이다."[62]

---

62) KSA 12, 425쪽 이하.

니체의 초기 사상에서 문화의 창조자 및 담지자가 천재들이었듯이, 후기에서도 그들은 예외적 인간들, 다시 말해 선과 악을 넘어서 자율적으로 예술적 가치를 창조하는 주권적 개인들이다. 문명화과정이 유럽인의 평균화와 평준화를 만들어낼 것이지만, 바로 이러한 문명의 단계가 주권적 개인들이 탄생할 수 있는 좋은 전제이자 토양이라는 것이다. 이제 우리는 "계산하고 인과적으로 사유하고 예견하고 필연성을 믿는 것을 배우는"[63] 차원에서 벗어나 "**우연과 불확실한 것, 급작스러운 것에서 느끼는 쾌감**이 기분 좋은 자극으로서 발현"되는 "이와 같은 수준 높은 문화의 징후"[64]를 향유하면서 실험적인 예술적 문화를 건설할 수 있는 단계에 있다. 이로써 우리는 곧 고귀한 인간과 고양된 삶의 모습을 볼 수 있게 될 것이다.

니체는 근대는 인간 길들이기이라는 '문명'의 특성만을 지니고 있다고 보았기 때문에 이러한 관점에서 근대를 비판했다. 하지만 그는 다른 한편에서는 바로 이러한 근대 '문명'으로부터 새로운 예술적 '문화'의 시대가 탄생할 것을 예견했다. 이와 같이 그는 근대 세계는 이중적인 모습을 지니고 있다고 생각했다.[65]

63) KSA 12, 466쪽.

64) KSA 12, 467쪽.

65) KSA 12, 468쪽 이하를 참조하라.

제5장 문화철학의 과제, 예술적 문화와 인간 삶의 고양

우리는 니체 철학을 문화철학으로 규정할 수 있을 것이다. 왜냐하면 니체의 철학적 문제의식은 인간의 삶을 고양시키는 문화의 조건을 밝히는 데 있기 때문이다. 다시 말해 니체는 '인간 삶의 고양'의 문제를 자신의 철학적 과제로 삼았고 이를 위한 전제로서 문화 문제를 다루었다. 문화 문제는 니체의 사유에서 가장 중요한 문제이다. 니체의 다른 철학적 문제들은 사실상 니체의 '삶과 문화'의 문제로 환원시켜 해석할 수 있다. 말하자면 니체의 다른 철학적 문제들은 '삶의 고양'과 '예술적 문화의 건설'이라는 문제와 관련시킬 때 보다 깊이 이해될 수 있을 것이다.

이 글에서는 니체의 문화 개념과 문화의 유형들, 문명의 문제점, 그리고 인간 삶에서 차지하는 문화의 의미와 예술적 문화세계의 가능성에 대해 논의했다. 니체는 『비극의 탄생』 속에 '진정한' 문화의 건설이라는 자신의 철학적 문제의식과 더불어 '예술적' 문화라는 문화 개념의 핵심 내용을 기술했다. 이러한 문제의식 속에서, 그는 『인간적인 너무나 인간적인』부터 서양 문명 안에서의 도덕적 '가치'와 그 영향에 대한 계보학적 고찰을 진행했고 『도덕의 계보학』의 시기 이후부터는 문화와 문명의 대립관계를 바탕으로 문화 개념을 명확히 규정했다. 니체의 후기 사유에 나타나는 문화와 문명의 적대관계는 『비극의 탄생』의 저술에서 제시했던 문화 개념을 심층적으로 전개시킨 것의 결과이다. 이제 문화는 '잔혹성' 및 '폭력'과 관련해 다루어졌고 이것은 니체의 관점에서는 문명화과정을 뜻한다. 니체에게 문명화의 과정은 인간을 가축으로 길들이는 과정을 뜻한다. 문명화의 과정은 '풍습의 윤리'와 함께 시작되어 '도덕'과 '학문'에 의해 더욱 강화된다. 그러나 이러한 문명화과정은 실험적·예술적 자유가 탄생할 수 있는 조건, 다시 말해 필연성의 왕국으로서의 '문명'에 대항해 자유의 왕국으로서의 '문화'가 생겨날 수 있는 조건인 것이다. 니체는 결국 문명화과정 속에서 문화의 건설자가, 즉 주권적 개인이 탄생할 것이라고 보았다.

니체는 문화와 문명의 특성을 강조하면서 자신의 문화 개념이 인간 유형의 고양에 기여할 수 있다는 희망을 갖고 있다. 니체가 초기 『비극의 탄생』 시기에 바그너의 예술에 희망을 품었었다면, 후기에는 '주권적 개인들'의 창조적 예술 속에서, 그리고 이로부터 탄생하는 예술적 문화 속에서 인간 삶의 고양의 가능성을 찾고 있다. 니체는 바로 예술적 문화 속에서, 바로 이러한 '고귀한' 문화 속에서 소크라테스적·알렉산드리아적 문화에 대한 최종적 대안을 발견한다.

이상에서 살펴본 바와 같이 니체의 문화철학은 '문화'를 실용적인 삶의 영역을 넘어서 있는 어떤 '고귀한 것'의 의미를 지니는 예술의 세계로 규정하고 이러한 예술적 문화의 가능 조건을 파악하는 이론적 작업과, 이러한 예술적 문화를 통해 인간 삶의 고양을 실현하려는 실천적 과제를 동시에 지니고 있다.

제2부 니체의 형이상학비판

제2부는 니체의 형이상학비판에 대해서 다루고자 한다. 니체는 형이상학[1]을 감각세계(가시계)와 이성세계(가지계)의 분리를 통해, 다시 말해 '현실'세계와 이상세계의 분리를 통해서 세계를 이원화 혹은 이중화하는 두-세계-론(Zwei-Welten-Lehre)으로 해석하고 있다. 니체는 형이상학을 '다른 세계'를 만들어 내는 예술 또는 "배후 세계의 예술"이라 부른다. 형이상학은 생성 변화하는 현실세계를 고통의 원천[2]으로 간주하고 이로부터 탈출하기 위해 비생성소멸적인, 영원히 질서지워진, 즉 '선'한 세계를 고안해 낸다. 이와 같이 형이상학적 세계해석은 인간의 도덕적 이상에의 의지로부터 탄생했다는 것이 니체의 생각이다.

---

1) 고대 이래로 철학의 고전적 전통에서 형이상학이라 지칭되었던 것은 아리스토텔레스에서 유래한다. 아리스토텔레스에 있어 형이상학은 "제일철학"의 표제 아래 "존재자로서 존재자"에 관한 학문이다. 아리스토텔레스에 의하면 형이상학의 과제는 경험에서 출발하면서 존재자를 그러한 것으로 규명하면서 모든 존재자의 신적인 존재 근거로 전진하는데 있다.(Aristoteles, *Metaphysik* IV, 1003a, 21ff. Hermann Boniz역 (ed. Wellmann), (Hrsg.) Ursula Wolf, Reinbeck/Hamburg, 1966, 1994, 97쪽 이하를 참조하라.)

2) '고통 Leiden'의 관점에서 니체 철학에 대한 해석은 Reinhard Knodt, *Friedrich Nietzsche - Die ewige Wiederkehr des Leidens*, Bonn 1987을 참조하라.

하나의 희망적 세계, 즉 '진리'의 세계가 고안되고 난 후, 이 세계가 지닌 생성의 성격은 곧 망각되어진다. 이제 인간은 더 이상 이 '진리'의 세계가 인간에 의해 투사된 가상의 성격을 가진다는 것을 보지 못한다. 인간은 마침내 이런 고안된 세계를 진정으로 진리의 세계로서 파악한다. 이로부터 존재와 생성, 피안과 차안, '진리'와 '가상'의 세계, 정신과 자연의 이원론이 생겨나는 것이다. 그리고 이제 절대적 진리의 심급이 존재하게 되고, 이로부터 모든 것은 정당화되거나 아니면 가치 없는 것이 된다. 이러한 이상세계와 삶의 절대적 심급에 의해 현실세계는 판결되고 탈가치화된다. 현실세계는 '진리'의 세계와 모순 관계에 놓이게 되는 것이다.

특히 기독교에서는 극단적인 방식으로 의미의 문제가 등장하고, 현세적 고통은 죄에 대한 벌이라는 표상에 의해 대답된다. 니체에 따르면 이로써 세계와 인간은 근원적 무죄를 상실하게 되는 것이다. 그 대신에 '구원'에 관한 사유는 세계와 삶에 있어 결정적인 의미를 획득하게 된다. 니체에 의하면 이 과정은 소크라테스와 플라톤에서 시작되는 서양의 '이성-형이상학'의 전통에서 싹트고, 기독교에서 절대적 형이상학의 형태로 그 정점에 다다른다고 한다. 니체의 형이상학비판의 핵심적 이유는 형이상학적·초월적 세계의 설정이 인간을 그의 진정한 세계 관계로부터 분리시키고 현실세계 안에서의 긍정적·능동적 삶을 불가능하게 만들기 때문이다. 형이상학이 현실세계에 대해 부정을 말하기 때문에, 형이상학은 소멸되어야만 한다는 것이다. 이와 같은 통찰을 바탕으로 니체는 형이상학의 극복을 시도한다.[3)]

---

3) 하이데거는 니체의 철학을 서양 형이상학의 최종적 형태("니체, 힘에의

니체는 이미 근대에 기독교의 와해와 함께 '진리 세계'가 소멸하고 있고, 진리 세계의 소멸과 함께 진리와 가상의 세계라는 이분법도 더 이상 존재하지 않음을 간파하고 있다. 이제 남은 세계는 현실적, '실재적' 세계일뿐이다. 니체가 볼 때 진리 세계의 생성사는 "오류의 역사"[4]이다. 따라서 진리 세계는 역사의 진행 속에서 필연적으로 오류로서 증명될 것이다. 무(Nichts)에 대한 신앙은 마침내 무의 자기 현현이라는 형식으로 그 종말을 고할 것이다.[5] 니체는 이러한

의지의 사상가는 서양의 *마지막 형이상학자*이다", Heidegger, *Nietzsche* I, Pfullingen 1989, 480쪽)로 간주하였고, 또한 그의 철학을 "*주관성의 형이상학*"(*Nietzsche* II, a.a.O., S.199)으로 해석하였다. 이러한 하이데거의 니체 해석은 새로운 철학 세대의 니체 연구에서 비판적으로 논의되었고, 지금은 더 이상 지탱될 수 없는 주장이 되었다. 니체 철학에 관한 하이데거의 주요 테제는 뮐러-라우터에 의해 근본적으로 추적되었고 반박되었다. 이에 관해서는 Wolfgang Müller-Lauter, "Das Willenswesen und der Übermensch: Ein Beitrag zu Heideggers Nietzsche- Interpretation", In: *Nietzsche-Studien* 10/11 (1981/1982), 134~177쪽을 참조하라. 뮐러-라우터가 볼 때 니체의 사유는 형이상학의 역사에서 나타나는 단순한 전환이 아니라 형이상학의 파괴이다. Wolfgang Müller-Lauter, "Nietzsches Lehre vom Willen zur Macht", In: *Nietzsche-Studien* 3 (1974), 1쪽 이하를 참조하라. 미하일로 듀리치는 하이데거에 의해서가 아니라 먼저 니체의 사유에 의해서 형이상학의 극복이 준비되었다는 주장들을 소개하고 있다. Michailo Djurić, *Nietzsche und die Metaphysik*, Berlin/New York 1985, 1~7쪽을 참조하라.

4) KSA 6, 80쪽.

5) 귄터 로모저는 한편으로 니체 철학을 허무주의로 해석하는 하이데거의 견해를 받아들이지만, 다른 한편으로 하이데거에 대립하여 니체를 형이상학의 완성자가 아니라 형이상학의 파괴자로 간주하면서 허무주의의 생성 논리에 대해 논의하고 있다. 귄터 로모저는 다음과 같이 말한다. "이제 니체가 허무주의와 형이상학을 연관관계로 가져갔다는 것을 부인할 수 없을 것이다. 단지 그는 다르게 근거 지울 뿐이다. 니체의 경우 형이상학은 그것의 본질과 원칙에서 볼 때 허무주의적이다. 왜냐하면 형이상학은 존재하지 않는 것, 즉 어떠한 현실로도 증명할 수 없는 지속적 존재를 참된 최고의 세계로, 따라서 진정한 세계로 설정하기 때문이

현상을 허무주의의 등장이라고 부른다.

이 글은 『인간적인 너무나 인간적인』 이후 니체가 행한 허무주의의 생성 역사와 생성 배경에 대한 계보학적 관찰 중 형이상학비판을 서술하는 데 그 목적을 두고 있다. 먼저 『인간적인 너무나 인간적인』 이후 '예술가-형이상학'의 포기로부터 시작하는 니체의 사유 태도의 변화를 살펴볼 것이다(제1장). 그러고 나서 니체의 인식비판(제2장)과 진리 비판(제3장)을 서술한 후 형이상학이 어떤 배경 속에서 등장하게 되었는지(제4장)를 살펴보는 데 초점을 맞추었다. 니체의 형이상학 비판을 통하여 우리는 왜 허무주의가 필연적으로 등장할 수밖에 없는지(제5장)에 대한 그의 통찰에 동의할 수 있을 것이다.

제1장 회의주의로의 전향 - 자유정신을 위하여

1873년에 쓰여진 소논문 「비도덕적 의미에서의 진리와 거짓에 대하여」에서 니체 사유의 전환적 징후를 알아차릴 수 있다. 왜냐하면 그는 이 저술에서 명시적으로 표현하지는 않을지라도 '회의주의'로 전향하고 있기 때문이다. 그는 『인간적인 너무나 인간적인 II』의 서언에서, 자신의 작업은 이 시기부터 "도덕주의적 회의와 해체 안"에서 그리고 "전래의 모든 염세주의의 심화로서의 비판" 속에서 진

다. 니체가 볼 때 역사의 근본 운동은 진리가 진리로부터 등장하는 운동, 즉 형이상학의 존재가 무화되는 그러한 운동인 것이다. 왜냐하면 존재와 존재에의 의지는 무에의 의지(Wille zum Nichts)의 생산물이기 때문이다"(Günter Rohrmoser, *Nietzsche und das Ende der Emanzipation*, Freiburg 1971, 10쪽 이하).

행되었고, 이미 "더 이상 아무것도"[6] 믿지 않았다고 고백하고 있다.

『인간적인 너무나 인간적인』과 함께 니체는 초기에 가졌던 사유의 내적 출발점으로 다시 돌아가 고독한 발견의 항해를 시작한다. 니체는 존경해 마지않던 바그너의 어린 친구로서 '예술가-형이상학'의 고안을 통해 독일의 문화를 새롭게 하려 했던 비극저술과 역사저술 시대의 시도를 실패한 것으로 간주한다. 그는 바그너 예술에서 독일의 이교도 세계에 이르는 통로를 발견했다고 믿었었고, 이러한 예술에 기초한 비극 문화가 삶의 의미와 목적을 보장할 수 있을 것으로 희망했었다. 그러나 이제 독일의 비극 신화를 몰락한 기독교의 대체종교(Ersatzreligion)로서 희망할 수 있다는 믿음은 더 이상 지탱될 수 없게 되었고, 그 믿음은 '낭만적 염세주의'로서 지칭된다. 낭만적 염세주의는 형이상학적·예술적 마취를 통해 가상적 해결을 마련할 뿐이다.[7]

1876년 바그너와의 결별[8]과 함께, 니체는 자신의 예술이 "마취적 예술"[9]로서 단지 시대의 곤궁을 무감각하게 만들 뿐이라는 것을 인식한다. 니체는 바그너 예술에 대해 실망하면서 마찬가지로 자신이 고안한 예술가-형이상학에 대해서도 비판한다. 그는 초기에 "원일자", 즉 고뇌하는 "예술가-신(Künstler-Gott)"이 자신을 구원하기 위

6) KSA 2, 370쪽.

7) KSA 3, 619쪽 이하를 참조하라.

8) 니체는 다음과 같이 말한다. "나는 1876년 당시, 바그너와 함께 어디로 향해갈 것인가를 개념화했을 때, 나의 그때까지의 모든 의욕이 웃음거리가 되었음에 경악했다: 나는 심층적 욕구 통일성의 모든 인연을 통해, 감사함을 통해, 내가 느낀 대체 불가능성과 절대적 결핍성 때문에 그와 아주 견고하게 연결되어 있었다"(KSA 12, 354쪽).

9) KSA 6, 325쪽.

해서 창조해 내는 가상(Schein)들의 연속으로 세계를 파악하였다. 그리고 세계 본질 혹은 세계 의지는 천재의 비극적 예술에서 현현한다고 생각하였다. 이제 그는 이러한 생각들을 부조리한 것으로 간주한다.[10]

니체는 물론 자신의 사유 전체에 걸쳐 세계와 삶은 미적 현상으로만 정당화될 수 있다는 초기의 세계관을 포기하지는 않는다.[11] 그러나 세계의 '본질'로서의 '원일자'의 수용은 거절되어야만 하는데 그 이유는 예술은 겸손해야만 한다는 것이다. 예술은 형이상학적, 그리고 종교적 환상과 은폐를 일삼아서는 안 되고, 솔직성과 진실성에 기반을 두어야 한다는 것이다.

『인간적인 너무나 인간적인』부터 니체는 유럽 정신사 및 당시의 시대정신과 비판적으로 대결한다. 이 비판적 대결은 비록 잠언적 문체에서 수행되기는 하나, 형이상학, 종교, 도덕, 과학, 문화, 정치의 다양한 영역에서 체계적으로 이루어지고 있다. 니체는 자신의 책 『인간적인 너무나 인간적인』을 "자유정신"에게 헌정한다. 이 자유정신의 소유자는 형이상학적, 종교적, 도덕적 환상들로부터 해방된 자이다.[12] 자유정신으로의 니체의 전향은 지금까지의 모든 가치에 대한

10) KSA 8, 463쪽.

11) 니체는 다음과 같이 말한다. "우리는 미학을 넘어서지 못한다. 지난날 나는 신이 자신에게 세계를 응시하는 즐거움을 만든다고 믿었다: 그러나 우리는 인간들이 점차적으로 창조한 세계의 본질을, 그들의 미학을 가진다"(KSA 9, 581쪽).

12) 자유정신의 역사는 '인간적인 너무나 인간적인 것'과의 대결을 통해서 시작한다. 말하자면 자유정신은 "위대한 해방에의 의지"와 함께 "인간 중심적으로 말하는 모든 선입견으로부터 자신을 해방시킨다." 그는 "최고의 것, 최상의 것, 지금까지 인간이 자랑스러워했던 모든 것 자체 안에, 이러한 자랑거리들 자체 안에 그리고 그의 가치판단을 향한 가련한 표피적인 신뢰들 안에 경멸해야 할 것들이 존재하는 것은 아닌가" (KSA 11, 566쪽 이하)하고 의심한다.

회의와 전도를 의미한다. 이 '가치 전도'의 이유는 전래의 가치가 '이상주의적' 가치라는 데 있다. 니체는 이상주의적 가치를 인간 고뇌(Leiden)에 대한 '가상적' 해결 수단, '자기 현혹적' 위안 및 구원 수단으로 파악한다. 이제부터 그는 진정 "모든 낭만주의적 거짓말에 대한 대립물인 용감한 염세주의로의 길을 (다시) 찾고자"[13] 한다. 최상의 가치가 무화된 상태인 허무주의, 즉 목적과 의미의 상실로 대변되는 이러한 상황에 대한 인식이 '마취적 예술'을 수단으로 은폐되거나 가려져서는 안 된다. 그 대신에 그것은 더욱 더 심화되어야만 한다. 자신의 낭만주의에 대한 실망과 자기 자신에 대한 실망, 그리고 '오늘날의 이상'에 대한 실망은 니체를 무의 사막을 향한 허무주의적 원정으로 나아가게 하는 기폭제가 되었다.

니체는 어떻게 "진리의 세계"가 역사의 경과 속에서 최종적으로 "우화(Fabel)"[14]가 되는지를 서술했다. 그는 이 과제를 완수하기 위하여 진리 세계의 '신화화'와 '탈신화화'의 과정을, 즉 세계의 '도덕화'와 '탈도덕화'의 과정을 살피고 있다. 이를 위해 그는 하나의 방법을 채택하는데, 이 방법을 '계보학'이라고 부른다. 이 방법은 사실상 형이상학의 영역뿐만 아니라 모든 이상주의적 가치에 적용시켜야 하는 방법으로서, 가치 생성의 연관관계를 역사적으로 관찰하고 그것의 역사적 조건성을 파헤치는 것이다. 하지만 이 방법이 단지 역사적 관찰만을 의미하는 것은 아니다. 또한 이 계보학적 방법은 가치 생성의 배후를 밝혀내는 심리학적 관찰 방식을 또 다른 축으로 하고 있다. 이 방법은 한편으로 모든 가치를 인간 자신의 역사적 창

13) KSA 2, 373쪽.

14) KSA 6, 80쪽 이하를 참조하라.

조물로 인식함으로써 이상주의적·절대적 가치의 초월적 성격과 그 신적 '근원'을 거짓으로 폭로하고, 다른 한편으로 심리학적 추론을 통하여 모든 이상주의적 가치 생성의 배후에 은폐되어 있는 진정한 의도를 드러냄으로써 그것을 파괴하는 것이다.[15] 니체가 '진리 세계'를 무로 폭로하면서 형이상학적 세계를 파괴시키려는 동기는 어디에 있는가? 그것은 세계를 '있는 그대로 다시 획득'하려 한다는 데, 다시 말해 인간의 세계 관계를 다시 제자리로 돌려놓으려는 데 그 동기가 있다고 할 수 있다.[16]

---

15) Michel Foucault, "Nietzsche, die Genealogie, die Historie". In: Alfredo Guzzoni (Hrsg.), *100 Jahre philosophische Nietzsche-Rezeption*, Erw. Neuausgabe Frankfurt/M 1991, 108~125쪽을 참조하라. 푸코의 이 작은 기획적인 논문에서 계보학은 체계적으로 서술되었다. 여기서 푸코는 계보학을 두 가지 중심개념, 즉 "유래(Herkunft)"와 "생성(Entstehung)"을 통해 설명해나간다. 생성의 개념은 "현실역사"(니체)를 밝히는 방법적 개념으로 이상주의적, 역사철학적 "근원들 Ursprünge"의 형이상학적 이론에 대립한다는 것이다. "따라서 가치, 도덕, 금욕, 인식의 계보학은 그것들의 '근원"에 대한 추구에서 출발해서는 안 된다. 역사의 다종다양한 에피소드는 그것들의 불충분성 때문에 괄호 안에 넣어져야 한다. 계보학은 오히려 시작에 있어 개별적인 사안이나 우연들에 관심을 가져야 한다. (...) 계보학자는 근원이라는 괴물 키메라를 추방하기 위하여 역사를 필요로 한다"(111쪽).

16) Karl Löwith, "Nietzsches Versuch zur Wiedergewinnung der Welt", In: Ders. *Gott, Mensch und Welt in der Metaphysik von Descartes bis zu Kant*, Stuttgart 1986, 117~147쪽을 참조하라. 뢰비트는 니체가 우주적 회귀라는 소크라테스 이전 철학자들의 견해를 반복하면서, 플라톤주의와 기독교에 의해 상실된 '세계'를 다시 획득하려고 보고 있고 이러한 측면에서 니체 철학의 핵심을 파악한다. '세계의 재획득'에 대한 테마에 대해서는 Tassos Bougas, "Nietzsche und die Verweltlichung der Welt", In: M. Djurić und J. Simon (Hrsg.), *Zur Aktualität Nietzsches* Bd.1, Würzburg 1984, 29~44쪽을 참조하라.

제2장 인식 비판

니체의 형이상학비판은 인식론적 회의주의에서 출발한다. 인간의 인식 능력에 대한 신뢰는 서양 철학의 역사적 경과 속에서 많은 도전을 받아왔다. 그러나 회의주의의 잔해로부터 재차 새로운 돌파구를 찾고자 노력했고 그 결과 인식 능력에 대한 신뢰는 새롭게 형성되었다. 그 반면에 니체는 인간의 인식 능력에 대한 철저한 비판을 시도한다. 니체가 근대의 새로운 인식론, 특히 데카르트와 칸트의 인식론을 비판하는 주요 핵심 중 하나는 이것들이 인간 이성의 탄탄한 토대를 위해 인간 외부에 초월적 대응물, 즉 '제3자'[17]를 설정하고 있다는 점이다.

니체의 회의주의는 인간 인식 능력의 명확한 한계를 밝히고자 한다. 그리고 사람들이 자명하게 생각하는 모든 '위대한 개념들'에 대해서도 비판적으로 살펴보아야 한다는 것이다. 니체는 이제 더 이상 형이상학적 본질 문제를 던지지 않는다. 니체는 '진리'에 대한 물음을 던지기 전에 이러한 물음의 '가치'에 대해 묻는다. 니체에게 '진리'란 단지 가상적인 통일의 형식일 뿐이다. '진리'는 모든 대립을 소멸시키기 위한 수단일 뿐이다. 니체는 기존의 절대적·초월적 의미에서의 모든 '진리' 개념에 대해 체념할 것을 요구하고 있다. 그렇다고 해서 니체가 단순히 회의주의에 머물렀던 것은 아니다. 니체도 또한 인식과 진리에 적용되는 새로운 원칙에 대해 묻는다. 니체는 이 질문에 대한 근본 대답을 '예술로서의 힘에의 의지'에서 찾고 있다.[18]

---

17) 데카르트의 경우에는 '신', 칸트에 경우에는 '사물 자체'를 말한다.

니체의 회의주의는 인식에서 인간중심적인 성격을 인정하는 것과, 동시에 이에 대한 문제 제기로부터 출발한다. 한편으로 인간의 모든 인식이 인간중심적인 방식으로 이루어지고 있고 이와 같이 사물이 인간의 관점에 의해 질서 지워져 있음을 받아들여야 한다는 것이다. 그리고 다른 한편으로 바로 그렇기 때문에 인간의 인식은 절대성이라는 측면에서 볼 때 의심스러운 것이고 단지 상대적인 것일 뿐이라는 것이다. 인간의 입장에서 보면 인간이 만물의 척도이지만, 인간 밖에서 보면 인간이 만물의 척도가 아니다.

그의 회의주의적 태도의 이론적 원천은 쇼펜하우어와 칸트[19]이다. 인식 영역에서 칸트의 코페르니쿠스적 전환은 니체가 자신의 사유 도정에서 칸트의 인식론을 날카롭게 비판하였을지라도 그에게 결정적인 영향을 미친 것으로 보인다.[20] '사유의 혁명'을 지향하는

---

18) '진리' 개념에 대한 니체의 규정에 대해서는 R. Bittner, "Nietzsches Begriff der Wahrheit", In: *Nietzsche-Studien* 16(1987), 70~90쪽; Heidegger, *Nietzsche* I, 같은 책, 616쪽 이하; Wolfgang Müller-Lauter, *Nietzsche. Seine Philosophie der Gegensätze seiner Philosophie*, Berlin/New York 1971, 108~115쪽을 참조하라. 인식과 진리의 문제에 대해서는 Karl Ulmer, "Nietzsches Idee der Wahrheit und die Wahrheit in der Philosophie", In: *Philosophisches Jahrbuch* 70, 1962/63, 295~310쪽; Jürgen Habermas, "Zu Nietzsches Erkenntnistheorie", In: Ders., *Friedrich Nietzsches erkenntnistheorerische Schriften*. Frankfurt/M 1968, 237~261쪽; Bernhard Bueb, *Nietzsches Kritik der praktischen Vernunft*. Stuttgart 1970; Jochen Kirchhoff, "Zum Problem der Erkenntnis bei Nietzsche", In: *Nietzsche-Studien* 6(1977), 16~44쪽; Werner Stegmeier, "Nietzsches Neubestimmung der Wahrheit", In: *Nietzsche-Studien* 14(1985), 69~95쪽을 참조하라.

19) 초기 니체의 칸트로의 길에 대해 Otto Ackermann, *Kant im Urteil Nietzsches*, Tübingen 1939, 3쪽 이하를 참조하라.

20) '코페르니쿠스적 전환'과 관련하여 칸트와 니체의 관계에 대해서는 Friedrich Kaulbach, "Autarkie der perspektiven Vernunft bei Kant und

칸트의 코페르니쿠스적 전환[21]은 간단히 말해 객관에서 주관으로의 관점 전환으로 해석된다. 물론 이러한 칸트의 전환 동기는 원칙적으로 인식 주관 자체에 대한 반성을 통해서 의심스럽게 된 인식의 확실성에 다시금 확고한 근거를 제공하려는 데 있다. 칸트의 이론철학은 이 과제를 잘 수행하였다. 하지만 이론철학이 대상의 보편적 인식 가능성에 대한 선험적 조건을 규명한 이후, 이 이론철학은 인식의 경험적·구성적 성격 때문에 대상을 '물 자체'로 도달하는 것을 포기하고 인식을 현상에 제한시킨다. 이러한 근거로 칸트는 '존재' 인식의 가능성을 체념한다. 과학으로서의 형이상학, 말하자면 이론적 혹은 사변적 이성의 영역에서의 형이상학은 불가능하게 된다. 초기 니체는 칸트의 선험적 이상주의의 통찰 결과에 자신의 사유를 연결시키고 있다.[22] 니체는 칸트 철학에 대한 이와 같은 이해를 근거로 하여 1868년 친구 파울 도이센에게 "철학적 체념의 정당성"에 관한 내용을 담은 다음의 편지를 보낸다. "형이상학의 왕국, 이와

Nietzsche", In: Josef Simon (Hrsg.), *Nietzsche und die philosophische Tradition*, Würzburg 1985, 90~105쪽; Friedrich Kaulbach, "Kant und Nietzsche im Zeichen der kopernikanischen Wendung. Ein Beitrag zum Problem der Modernität", In: *Zeitschrift für philosophische Forschung* 41 (1987), 349~372쪽을 참조하라. 카울바흐는 칸트를 관점주의의 철학자로 해석하면서 니체와 칸트 철학을 "코페르니쿠스적 전환"이라는 틀에서 연결시키고 있다.

21) Immanuel Kant, *Kritik der reinen Vernunft* (=KrV), B XVI.를 참조하라. 칸트의 저작은 Kant, *Werke in zwölf Bänden*, (Hrsg.)Wilhelm Weischedel, Frankfurt/M 1974판에서 인용한다.

22) 물론 초기 니체는 실천이성을 통하여 형이상학을 근거지우려는 칸트의 계속된 시도에 대해서는 고려하지 않고 있다. 이러한 근거로 『비극의 탄생』 시기의 니체는 "칸트의 무시무시한 용감성과 지혜"에 대해 말할 수 있었다; 초기 니체와 칸트의 관계에 대해서는 Balduin Noll, *Das Wesen von Friedrich Nietzsches Idealismus*, Köln 1941, 22쪽 이하를 참조하라.

함께 '절대적' 진리의 영역은 피할 수 없이 시와 종교의 왕국으로 옮겨진다. 이제 무엇인가를 알고자 하는 자는 지식의 상대성에 의식적으로 만족해야 한다 - 예컨대 모든 유명한 자연 연구가들처럼. 그러니까 형이상학은 몇몇의 인간들에게는 심정적 욕구의 영역에 속하고, 그것은 본질적으로 볼 때 신앙심의 발로이다. 다른 한편으로 형이상학은 예술이다. 말하자면 개념시의 예술이다. 그러나 확고히 해야 하는 것은 형이상학이 종교로서건 예술로서건 소위 '진리 자체 혹은 존재자 자체'와 연관되지 않는다는 점이다."[23)]

이와 같이 초기 니체는 칸트 철학을 인간의 인식 능력에 대한 한계 설정의 관점에서 높이 평가했다. 그러나 칸트는 곧 니체의 비판의 대상이 된다. 왜냐하면 현상에 국한되어 있을지라도 칸트가 주장한 인간 주체의 보편타당한 인식 능력은 더욱 강하게 회의되어야만 하기 때문이다. 칸트의 코페르니쿠스적 전환은 심층적인 회의의 방향에서 더욱더 심화되어야 하고 완성적으로 전개되어야 한다.

칸트의 경우 자연 혹은 세계는 현상, 즉 인간 표상의 총괄 개념으로 이해된다. 자연 혹은 세계에 대한 전통적 견해와 관련해 볼 때, 칸트적 사유의 혁명적 성격은 다음과 같은 그의 말을 들어보면 확연하다. "지성(Verstand)은 (선험적으로) 자신의 법칙을 자연으로부터 가져오는 것이 아니라 이 법칙을 자연에 제정한다."[24)] 또한 칸트는 다음과 같이 말한다. "우리가 *자연*이라 부르는 현상에 질서와 규칙성을 우리 스스로가 부여하는 것이다. 그리고 만일 그렇지 않으면,

---

23) Sämtliche Briefe, *Kritische Studienausgabe in 8 Bänden*, (Hrsg.) G. Colli und M. Montinari, München 1986, Bd.2, 269쪽.

24) Kant, *Prolegomena zu einer jeden kuenftigen Metaphysik, die Wissenschaft wird auftreten können* (=Proleg) A113.

다시 말해 우리의 심성이 본래 자연에 부여하지 않으면 질서와 규칙성이 자연 속에서 발견될 수 없는 것이다."[25]

그렇다고 하더라도 칸트는 인간 인식 능력은 자연에 대해 '선험적으로' 법칙 제정적이라는 점에 대해서는 확고하다.[26] 인간 인식의 법칙 제정능력, 즉 인식 안에 내재된 선험적 범주와 이 범주에 조응하는 선험적 법칙은 경험의 대상을 가능하게 만들고 자연을 합법칙적 연관관계로 가능하게 만든다. 자연은 이러한 법칙 제정에 정향되어 있고 이것을 통해서 인간에 의해 인식된다. 그러나 칸트의 경우 이렇게 구성된 자연, 또는 우리에게 현상하는 자연은 '단순한' 가상(Schein)으로 이해되어서는 안 된다. 왜냐하면 '사물 자체'가 현상의 '원인'으로 사유되었기 때문이다.[27]

니체는 객관에서 주관으로의 관점 전환, 달리 말해 세계 파악이 갖는 주관적 성격을 보다 명확하게 드러내길 원한다. 니체는 칸트의 '현상(Erscheinung)'도 단지 주관적으로 사유된 현실일 뿐이고 이러한 의미에서 인간의 단순한 표상 세계에 불과하다고 말한다.[28] 이와 관

---

25) Kant, *KrV*, A125.

26) Kant, *Proleg.* A109 이하를 참조하라.

27) Kant, *Proleg.* A104 이하를 참조하라. Kant, *KrV*, B XXVI 이하: "그러나 여기서 우리는 바로 이 대상을 사물 자체로 인식할 수는 없어도 적어도 사유할 수는 있다는 것이 유보되어 있다는 점에 유의하지 않으면 안 된다. 왜냐하면 그렇지 않으면 아무 것도 배후에 없는 현상이 거기에 나타난다는 부조리한 명제가 따라 나오기 때문이다."

28) 칸트의 경우 가상의 문제가 완전히 해결되지는 않는다. 그 이유는 '사물 자체'는 이론적 인식의 영역에서는 인식될 수 없고 단지 사유된 것일 뿐이기 때문이다. 따라서 칸트의 사물 자체에 대한 수용은 인식이 아니라 단지 가정에 불과하다. 니체는 이러한 맥락에서 가상의 문제를 해결하고자 하는 칸트의 시도를 인정하기는 하나 사물 자체를 현상의 근거로 제시하는 것을 받아들이지 않고 문

련하여 니체는 다음과 같이 말한다. "칸트가 '지성은 자신의 법칙을 자연으로부터 가져오는 것이 아니라, 이 법칙을 자연에 제정한다'라고 했을 때, 이 말은 *자연의 개념*과 관련하여 전적으로 옳은 것이다. 이러한 자연의 개념을 자연과 결합시키도록 우리는 종용되고 있다(자연=표상, 즉 오류로서의 세계). 이것은 지성의 오류들의 수많은 양의 축적물이다. - 우리의 표상이 *아닌* 그러한 세계에 대해 수의 법칙은 완전히 적용되지 않는다. 그것은 인간의 세계에서만 통용되는 것이다."29)

칸트의 경우 논리적 주체이며 동시에 순수한 통각과 상이한 인식능력의 통일성과 동일하며 모든 인식 가능성의 마지막 근거인 '선험적 주체'가 객관적 인식의 가능성을 보장한다고 한다면, 니체는 이러한 주체 개념이 구성 가능한 개념이라고 보고 있다. 하지만 니체가 볼 때 주체는 생성되는 것, 다시 말해 역사적인 것이다. 그렇기 때문에 니체에 따르면 이 선험적 주체 개념은 단지 세계를 인식 가능하게 혹은 사유 가능하게 만들기 위해 설정하는 하나의 가정일 뿐이다. 이 경우에는 언제나 무조건적인 것의 설정, 즉 '제3자'의 설정이 필수적이다. 니체는 무조건적인 것과 상관관계를 갖는 선험적 주체를 비판하고 그 대신에 세계를 자신의 관점 속에서 해석하고 생산하는 다수의 '주체들(Subjekte)'만이 존재한다고 주장한다.

니체는 이와 같은 배경 속에서 인식의 가능성에 대해 묻기 때문에 선험적 연관관계 속에서 대상을 파악하는 그러한 인식을 거부한다. 니체는 단지 하나의 인식만을 인정한다. 그것은 인간이 이미 만

제시한다.

29) KSA 2, 41쪽.

들어놓았던 것들을 재인식한다는 차원에서의 인식이다. 따라서 전통적 의미에서 '진리'가 대상이었던 그러한 인식 개념은 포기되어야만 한다. 니체의 경우 '존재 자체', 다시 말해 '세계 자체' 혹은 '자연 자체'는 인식될 수 없다. 이미 언급한 바와 같이 인식은 인간이 이미 창조했던 것과 관련을 맺으며 인식이 곧 창조인 것이다. 니체는 이러한 의미에서 다음과 같이 말한다. "생성하는 세계는 엄밀한 의미에서 '개념화'될 수 없고 '인식'될 수 없다. 단지 '개념화하고' '인식하는' 지성이 이미 창조된 대략의 세계를 발견하는 한, 가상이 삶을 보존시키는 한, 세계는 단순한 가상성으로부터 조립되는 것이고, 또한 확고하게 되는 것이다. 단지 이러한 조건에서 '인식'과 같은 어떤 것이 존재하는 것이다. 말하자면 그것은 예전의, 그리고 현재의 오류들의 상호적 평가이다."[30)]

자연 세계는 즉자적으로(an sich) 존재한다. 인간은 그 안에서 대자적으로(für sich) 존재한다. 진리는 이러한 연유로 인간의 인식에 근본적으로 닫혀 있는 것처럼 보인다. 니체가 볼 때 '세계 자체(Welt an sich)'는 "형식을 갖지 않는, 표현될 수 없는 감각적 카오스의 세계, 그러니까 *하나의 다른 유형*의 현상 세계, 우리에게는 '인식될 수 없는' 그러한 세계"[31)]이다. 그래서 니체는 '세계'를 인간에 의해 표상되고 창조된 현상의 세계, 즉 인간에 의한, 인간을 위한 세계로 개념화한다. 그는 '세계' 개념을 "한계 개념"[32)]이라고 지칭한다.

니체는 '세계 자체'를 '필연성(Notwendigkeit)'으로 파악한다. 그러나 이 필연성이란 피안에서 찾아지거나 혹은 '본질'로서 배후로부터

30) KSA 11, 561쪽.

31) KSA 12, 396쪽.

32) KSA 12, 236쪽 이하.

현상하는 어떤 것이 아니고 현실세계에 무규정적으로 함축되어 있는 필연성을 말한다. 영원한 생성과 작용의 세계를 무규정적 필연성의 법칙(das unbestimmte Gesetz der Notwendigkeit)이 주재하는 것이다.

이와 같이 세계 자체는 파악될 수 없는 어떤 것이다. 하지만 삶은 마치 감각, 인식, 판단, 평가의 통일적 척도가 존재하는 것처럼 일정한 제한과 정당화를 통해서만 가능하다. 따라서 삶은 인간의 예술적 힘에 근거하는 것이다. 무엇인가를 창조하고 무엇인가를 무엇인가에 관련하여 해석하고 선택하고 질서 지우는 힘이 그것이다. 니체의 경우 인간의 이러한 예술적 힘이 바로 인식의 전제(Voraussetzung)이고 더욱이 삶 자체의 전제인 것이다. "이러한 현실, 이러한 '진리'에 대하여 승자가 되기 위하여, 즉 삶을 살기 위하여, 우리는 거짓을 필요로 한다. 삶을 살기 위하여 거짓이 필요하다는 것, 이것은 무시무시하고 기이한 현존재(Dasein)의 성격 자체에 속한다. (...) 거짓을 통해서 실재에 폭력을 가하는 능력 자체, 이러한 인간의 *예술가적 능력* - 그는 이 능력을 존재하는 모든 것과 같이 한다. 그 자체가 바로 한 편의 현실, 진리, 자연 - 그 자체가 또한 한 편의 *거짓의 천재*인 것이다."[33]

즉자적으로 볼 때 "최고의 비확실성과 혼돈적인 것"[34]으로 현상할 것인 세계 자체, 혹은 자연 자체에 대해 형태를 부여하는 것과 창조된 것에 대한 평가는 인간이 몰락하지 않기 위한 필연적 삶의 행위이다. 인간 인식이 갖는 본질 성격에 대한 니체의 기본 입장은 다음의 문장으로 요약될 수 있을 것이다. '진리는 오류이고, 오류는 진리

33) KSA 13, 193쪽.

34) KSA 9, 537쪽.

이다.'

위와 같은 관점에서 니체는 인식을 유용성의 지평으로 이끈다. 니체는 인식을 삶을 위한 대상의 변조로 파악한다. 니체는 다음과 같이 말한다. "인식은 다양한 유형의 것, 셀 수 없이 많은 것들을 동일한 것, 비슷한 것, 셀 수 있는 것으로 *변조시키*는 것이다. 그러니까 삶은 단지 그러한 변조-장치의 도움을 통해서만 가능한 것이다."[35] 이러한 이유로 니체의 경우 인식이란 원래 "'인식'이 아니라 우리의 실천적 욕구가 필요로 할 경우 혼돈에 규칙성과 형식을 부여하는 도식화이다."[36] 따라서 '인식 욕구'는 "마치 유익함과 해로움의 문제와 무관하게 오로지 진리를 추구하는 진정한 인식 욕구가 존재하는 것처럼"[37] '순수 진리'를 지향하는 것이 아니다. 인식 욕구 배후에는 삶의 실천적 관심이 작동한다. 그런데 인식 욕구는 물론 자기 보존을 위한 유용성으로만 환원되는 것이 아니다. 그것은 더 나아가 "*전유적-억압적 충동*으로 환원될 수 있다. 이런 충동에 근거하여 감각, 기억, 본능 등이 발전한다."[38] "모든 우리의 인식 조직과 인식 감각은 단지 보존과 성장의 관점에서 발전되었다."[39] 니체는 이와 관련하여 다음과 같이 말한다. "인식은 힘의 *도구*로서 작업한다. 그렇게 인식이 더 많은 힘과 함께 성장한다는 것은 자명한 것이다. (...) 다시 말해 인식 의지의 *척도*는 하나의 종이 지니는 *힘에의 의지*의 성장의 척도에 의존한다. 하나의 종은 *현실에 주인이*

35) KSA 11, 506쪽.

36) KSA 13, 333쪽.

37) KSA 13, 325쪽.

38) KSA 13, 326쪽.

39) KSA 12, 352쪽.

되기 위하여, 현실을 유용하게 만들기 위하여 그렇게 많은 현실을 파악한다."[40)]

제3장 진리 비판

지금까지 살펴본 바와 같이 니체는 인식의 기본 성격을 대상의 형식화를 통한 지배의 의지, 간단히 말해 '힘에의 의지'의 수단으로 파악했다. 니체의 이러한 관점은 진리에 대한 규정과 동시에 전통적 진리관에 대한 비판의 기초가 된다. 니체는 다음과 같은 질문을 던진다. "*도대체 어떻게 어떤 유형의 진리가* 인식 자체에서 비롯되는 근원적 비진리에도 *불구하고 가능한가*?"[41)] 그 대답은 다음과 같다. "우리는 진정한 현실에 대해서 대립하기는 하지만 어떤 존재 유형에 대한 하나의 가정 없이는 측정하고 비교하고 모사하는 데 기준이 되는 아무 것도 가질 수 없다.: 오류는 인식의 전제이다."[42)] 이미 서술한 바와 같이 니체의 경우 '진리'란 "전적으로 단지 인간이 *발견*"하는 사물에만 있다. 인간은 "무엇인가를 부여하고, 나중에 그것을 재발견한다. 이것이 인간적 진리 유형인 것이다."[43)] 니체에 따르면 "진리는 이와 같이 마치 존재하는, 찾아내고 발견되는 그런 것이 아니다. 그러한 것이 아니라 진리는 *창조되는 것으로서* 하나의 과정을 위한, 더 나아가 끊임없는 지배의 의지를 위한 이름 붙이기

---

40) KSA 13, 302쪽.

41) KSA 9, 568쪽.

42) KSA 9, 567쪽.

43) KSA 9, 312쪽.

에 다름 아니다. 진리를 부여하는 것은 이름 붙이기의 과정으로서, *적극적 규정*, 즉 마치 '즉자적으로' 확고한 그리고 규정적인 것에 대한 의식이 *아니다*. 그것은 '힘에의 의지'를 위한 하나의 단어이다."[44]

우리는 "인식을 위한, 진리를 위한 기관을 갖고 있지 않다."[45] 우리에 의해 창조된 진리는 근본적으로 전혀 '진리'를 다루고 있지 않은 것이다. 이러한 이유로 니체는 우선적으로 진리를 삶에 필수적인 형식, "삶의 조건으로 되어 버린 하나의 믿음"[46]으로 파악한다. 니체에 따르면 "'진리', 그것은 나의 사유방식 안에서는 필연적으로 오류에 대한 대립을 가리키지 않고, 가장 원칙적으로 볼 때 단지 각기 다양한 오류들의 관계 속에서 하나의 위치를 점할 뿐이다. 대략 하나가 다른 것에 비해 오래되었고, 보다 심층적이라는 것을, 더욱이 우리 같은 유형의 유기체적 존재가 그것이 없으면 살아 갈 수 없을 것인 한 아마도 근절할 수 없다는 것을 말할 뿐이다. 그 반면에 다른 오류들은 그러한 유형으로서는 삶의 조건으로서 우리를 전제(tyrannisieren)할 수 없고, 이러한 전제들과 비교할 때 극복되고, '반박'될 수 있다."[47]

이렇게 '진리'에 대해 비도덕적, 즉 우주론적 의미에서 사유해 본다면 진리의 기준은 무엇보다도 삶에 대한 유용성의 관점에서 파악된다. "우리는 (...) 인식을 위한, 진리를 위한 기관을 갖고 있지 않다. 우리는 인간 집단, 다시 말해 유적 인간의 관심에 근거하여

44) KSA 12, 385쪽.

45) KSA 3, 593쪽.

46) KSA 11, 635쪽.

47) KSA 11, 598쪽.

유용할 경우 무엇인가를 '안다' (혹은 믿는다, 혹은 우리를 형성시킨다)."[48] 이와 같이 "'진리의 기준'은 사실상 단지 *원칙적 변조라는 그러한 시스템을 지니는 생물학적 유용성*이다: 하나의 유적 존재로서 동물이 자신을 보존하는 것보다 중요한 것을 알지 못하기에, 이럴 경우 우리는 '진리'에 대해 말할 수 있다."[49]

또한 여기서 니체는 '진리'가 삶에 대한 유용성의 관점에서 역사적으로 형성된 것이라는 것을 덧붙이고 있다. "항상 시대와 집단의 필연적 삶의 조건에 조응하는 것이 자신을 '진리'로서 관철시킬 것이다. 장기적으로 인류가 가지는 *의견의 총합*이 *육화*될 것이다. 그것 안에서 인류는 최고의 유용성, 즉 최장의 지속 가능성을 가질 것이다. 인류의 지속적 생존을 가능하게 하는 이러한 의견들 중 가장 본질적인 것은 인류에게 이미 오래 전부터 육화되어 있다. 예컨대 동일성, 수, 공간 등등에 대한 믿음이 그것이다. *이러한 것들에 대한 반박 투쟁은 존재할 수 없다.* 단지 우리의 동물적 존재를 가능하게 하는 이런 오류적 기반들에 대한 완성만이 존재할 것이다."[50]

진리의 역사성이 자명해지고 진리의 의미가 유용성으로 환원된다면, 우리는 더 이상 시간의 변화로부터 독립해 있는, 그리고 인간에 의한 설정과는 무관한 '초월적 진리'에 대해 말할 수 없는 것이다. 단지 "경험적 진리"에 대해, 말하자면 "삶에 필수적인 것으로 된 유용한 가상"에 대해 말할 수 있을 뿐이다. 니체는 이러한 관점에서 '진리'를 가치화 방식, 다시 말해 인간의 '보존과 성장의 조건'으로 기능하는 가치화 방식의 총괄 개념으로 간주한다. 니체는 이에

48) KSA 3, 593쪽.

49) KSA 13, 336쪽.

50) KSA 9, 541쪽.

따라 단순한 "자기 보존에 대한 요구가 (...) 더욱더 전제적으로 되어 '진리 의미'의 자리를 차지하게 될 때, 그것이 진리 의미의 이름을 취하고 확립할 때,"[51] 즉 인간의 진리가 자신의 가상성을 뛰어넘어 초월적 성격과 절대적 성격을 갖게 될 때 위험이 도사리고 있다고 판단한다. 니체는 "인간중심적 특이성을 사물의 척도로서, '현실'과 '비현실'에 대한 척도로서 간주하는, 간단히 말해 하나의 조건을 절대화시키는" 인간의 "어리석음"[52]을 비판하고 있는 것이다.

제4장 도덕적 이상에의 의지로부터 형이상학적 세계 해석의 생성

니체가 좁은 의미에서 '세계'에 대해 말한다면 그것은 앞서 살펴본 바와 같이 인간의 세계이다. "사실상 우리와 관련이 있는 주어진 세계는 우리들에 의해 *창조된* 세계이다 - 우리들, 말하자면 모든 유기체적 존재 - 세계는 *생산적*-형성적으로, 가치창조적으로 현상하는 유기체적 과정의 산출물이다."[53] 이러한 관점은 많은 세계들이 존재할 수 있다는 점을 암시하고 있다. 니체는 "우리들과 다른 각각의 존재들은 다른 성질들을 감각하고, 따라서 우리와는 다른 세계에 산다는 것이 자명하다"[54]고 말한다. 이렇게 볼 때 단지 인간뿐만이 아니라 예컨대 동물들도 자신의 세계를 갖고 있는 것이다. 수많은 유

51) KSA 9, 541쪽.

52) KSA 13, 336쪽.

53) KSA 11, 203쪽.

54) KSA 12, 238쪽.

기체적 존재들이 존재하기 때문에 수많은 세계들이 존재할 수 있는 것이다. "세계는 자명한 것이 *아니다*. 그러니까 생물적 존재는 그에게 현상하는 대로 세계를 본다. 즉, 세계는 그러한 생물적 존재들에 의해서 존재한다. 그러한 존재들 모두는 작은 입각점들을 가지고 있고 이로부터 무엇인가를 측정하고 지각하고 보거나 또는 보지 못한다."[55] 그렇게 "우리는 *인간의 시각*으로부터 벗어날 수 없다. 우리는 어떤 생성하는 것, 운동 그 자체를 완벽하게 개념화할 수 없다."[56] 니체는 다른 세계가 존재할 수 있다는 근거로부터 다음과 같이 말한다. "이러한 우리 인간의 해석과 가치가 보편적인, 아마도 규준적인 가치라고 요구하는 것은 인간적 오만의 유전적인 정신착란에 속한다. 이 인간적 오만은 늘 아직도 종교에서 확고한 자리를 차지하고 있다."[57] 이렇게 니체는 인간의 세계를 우주 안에 존재하는 단지 한 유형의 세계로 이해하고 있다.

니체는 이미 서술한 바와 같이 '이미 존재하는' 세계를 인간의 가치판단의 결과로 그리고 그 총합으로 파악한다. "지금의 세계에서 가치를 갖고 있는 것, 그것은 근본적으로 볼 때 가치를 가치 그 자체로서 가지는 것이 아니다. 자연은 항상 몰가치적이다. 즉 인간은 자연에게 가치를 언젠가 부여하였고 선사하였다. 따라서 우리가 이 부여하는 자, 선사하는 자이다! 비로소 우리가 *인간과 무엇인가 관련된* 세계를 창조하였다!"[58]

세계가 인간에 의한, 인간을 위한 세계로서 사유되어야 하기 때

55) KSA 12, 249쪽.

56) KSA 9, 309쪽.

57) KSA 12, 238쪽.

58) KSA 3, 540쪽.

문에, 니체는 "이러한 단지 우리에게만 귀속되는, 우리에 의해 비로소 창조된 전체 세계는 소위 '진정한 실재', '사물 자체'에 조응하는 것이 아니다"[59]라고 말한다. 그 대신에 '가상성 자체'가 그대로 우리의 '현실'인 것이다. 그는 이와 관련하여 다음과 같이 말한다. "내가 이해하는 것과 같이 가상이 사물의 현실적인, 유일한 현실이다. (...) 따라서 나는 가상을 실재의 대립으로 설정하지 않고 그 반대로 가상을 실재로 파악하며, 이 실재란 환상적인 '진리-세계'로 전환하는 것에 대립하는 실재이다."[60]

지금까지 논의한 것은 니체가 다른 존재자들의 세계와 관련하여 인간 세계의 상대성과 가상성을 파악하고 있다는 점이다. 이제 중요한 것은 인간 세계 안에서 나타나는 진리의 다원성과 가치의 다원성의 문제이다. 인간이 모든 가치 설정의 원천으로 인식되어지기 때문에 인간에게 의존적이지 않는 어떤 가치 질서도 존재할 수 없다. "존재하는 것, 어떻게든 자리를 잡은 것은 늘 다시금 이것들을 능가하는 하나의 힘에 의해 새로운 관점에 근거하여 해석되었고, 새롭게 전유되었고, 새로운 유용성으로 변형되고 재편되었다."[61] "모든 목적들은, 모든 유용성들은 단지 하나의 힘에의 의지가 보다 저급한 힘에 대해 주인이 된 것을 표시하는 것이고, 그리고 이 힘에의 의지가 자신의 관점에서 기존의 저급한 힘에게 기능적 의미를 각인시킨 것을 표시하는 것일 뿐이다."[62] 니체에게는 "유기적 세계의 모든 생기"는 "*정복과 주인이 되는 것*"으로 현상하고, 다시금 "모든 정복과

59) KSA 11, 609쪽.

60) KSA 11, 654쪽.

61) KSA 5, 313쪽.

62) KSA 5, 314쪽.

주인이 되는 것"은 "새로운 해석과 정당화"[63]로 현상한다. "모든 가치평가는 일정한 힘의 양과 이것에 대한 의식의 정도의 결과물이다. 그것은 각각의 인간과 민족의 본질에 따른 *관점주의적* 법칙이다. 가깝고, 중요하고, 필연적인 것 등"[64]의 관점과 관련해 있다.

니체는 관점주의를 배경으로 형이상학적·절대적 진리의 문제를 다루고 있다. 그에 따르면 진리의 영역에는 단지 "'*진리*'*와* '*진리*'*의 투쟁*"이 존재할 뿐이다. "모든 *현실적 진리에 대한 추구*는 *성스러운 설득을 위한 투쟁을 통해 세계에 등장한 것이다.*"[65] 니체는 이것을 다른 말로 표현하고 있다. "'진리에의 의지'는 '힘에의 의지'에 봉사하면서 발전한다. 정확히 관찰하면 진리에의 의지의 고유한 과제는 일정한 유형의 비진리가 승리하고 장기적으로 존재할 수 있도록 돕는 것이고, 허위적인 것들의 상호 연관적 전체를 일정한 생물의 보존을 위한 기초로서 만들어 내는 것이다."[66] 니체는 보다 구체적으로 다음과 같이 말한다. "사람들은 승리가 유용성을 보장할 경우에만 '진리들'을 위해 투쟁하였다 (...) / 진리의 방법은 진리에의 동기로부터 발견된 것이 아니라 *힘에의, 우월하게 존재하고 싶은 욕구의 동기*에서 발견된 것이다. / 진리는 무엇을 통해서 증명되어지는가? 상승된 힘의 느낌을 통해서 (확실성-믿음) - 유용성을 통해서 - 필수불가결성을 통해서 - *짧게 말해* **장점**을 통해서 / 그러니까, 우리에게 인정되기 위해서 어떤 유형의 진리가 고안되어야 하는지가 전제 / 그리고 그것은 장점: 여기서 진리가 전혀 중심문제가 아니라

63) KSA 5, 313쪽 이하.

64) KSA 11, 135쪽.

65) KSA 7, 433쪽.

66) KSA 11, 699쪽.

는 것의 표시 (...) / 사람들이 원하는 것은 항상 믿음, 그러니까 진리가 *아니다*..."[67)]

니체의 경우 진리의 문제는 특정한 진리에의 의지가 힘에의 의지의 관철이라는 자신의 실제적인 목적을 은폐하면서 '초월적 진리'의 이름으로 절대적 타당성을 요구하는 데 있다. 따라서 니체는 진리에의 의지가 힘에의 의지와 다른 것이 아니라는 점을 밝히는 데 전력을 기울인다. 니체에 의하면 우리는 "관점주의의 필연성"을 망각해서는 안 된다. "이 관점주의에 따라 각각의 힘의 중심은 - 단지 인간뿐만 아니라 - 자신으로부터 다른 나머지 전체 세계를 구성하는데, 말하자면 그것은 자신의 힘에 따라 측정해보고 감지하고 형성하는 것이다. 우리는 또한 이러한 관점-설정적 힘을 '진정한 존재'와 관련하여 계산해 보는 것을 잊어서는 안 된다. 학술적인 언어로 말한다면 주관적으로 있음"[68)]이다. 따라서 진리의 초월적 내지 보편타당한 척도는 존재하는 것이 아니다. 단지 상이한 힘에의 의지의 표현 형식으로서 다양한 가치평가들이 존재할 뿐이다. 만약 '진리'가 존재한다면, 이것은 어떤 '하나의' 힘에의 의지가 영원히 주인이 된 상태를 말하는 것이고, 이것이 바로 니체가 말하는 형이상학의 경우이다.

니체는 세계를 상이한 관점적 가치들의 투쟁 또는 공동유희(Zusammenspiel)로 파악한다. 인간 세계도 예외는 아니다. 세계는 상이한 힘에의 의지들의 표현물의 총합이다. 세계는 "본질적으로 상관-세계이다. 세계는 상황에 따라, 각각의 입각점에 따라 자신의 상이한 얼

---

67) KSA 13, 446쪽 이하.

68) KSA 13, 373쪽 이하.

굴을 가진다."[69] 세계는 "생성하는 것으로서, 전혀 진리에 다가갈 수 없는, 항상 새로운, 연기하는 오류로서 '흐름 안'에 있다."[70] 바로 이것이 니체가 세계를 생성과 소멸로 파악하는 이유이다. 결국 세계는 자신의 진정한 모습을 모순이 가득한 세계로 드러내는 것이다.

니체에 따르면 형이상학은 바로 이 지점에서 등장한다. 형이상학은 '진리들' 사이의 투쟁에 종지부를 찍고 싶은 것이다. 이제 '진리 자체'에 대한 수용을 위해서 결정적 도약이 시작된다. 형이상학은 투쟁을 서술하는 현실적·'가상적' 세계를 거부한다. 즉 그것은 생성하고 소멸하고 변화하는 모든 것을 거부한다. 형이상학은 이러한 세계로부터 고통을 추론하면서 다른 세계, 즉 '진리의 세계'를 추구한다. "인간은 '진리'를 추구한다. 모순적이지 않은, 미혹시키지 않는, 변화하지 않는 세계, 진리의 세계 - 사람들이 고통 받지 않는 세계: 모순, 미혹, 변화는 고통의 원인! 그는 이 당위의 세계가 존재한다는 것을 의심하지 않는다. 그는 이 세계로 향하는 길을 얻고자 한다. (...) 여기서 명백하게 드러나는 바와 같이 진리에의 의지는 단지 불변의 세계에 대한 요구일 뿐이다."[71]

이제 가상의 세계와 진리의 세계의, 즉 현실세계와 초월세계(이상세계)의 구분이 시작된다. 말하자면 세계의 이중화(Verdoppelung)가 시작되는 것이다. 형이상학자는 "우리의 희망에 부응하는 *세계에 대한 허구*"를 창조한다. 이때 "우리가 기대하고 편안하게 느끼는 모든 것을 이 *진리의 세계*와 연결시키기 위해 심리적인 기교와 해석이 지배적으로"[72] 등장하게 된다. 즉 "존재*해야만* 하는 세계는 존재한

69) KSA 13, 271쪽.

70) KSA 12, 114쪽.

71) KSA 12, 364쪽 이하.

다. 우리가 사는 이 세계는 단지 오류일 뿐이다. 이러한 우리의 세계는 존재해서는 안 된다"[73]고 주장하는 것이다. 니체에 따르면 이 경우 현실세계에 증오가 은폐되어 있는데, 그 이유는 형이상학자에게 현실세계란 고통의 원천이기 때문이다. 니체는 이와 관련하여 다음과 같이 쓰고 있다. "형이상학의 심리학 / 이 세계는 가상적이다. *따라서* 진리의 세계는 존재한다. / 이 세계는 한정되어 있다. *따라서* 무조건적 세계는 존재한다. / 이 세계는 모순으로 가득차 있다. *따라서* 무모순적 세계는 존재한다. / 이 세계는 생성적이다. *따라서* 존재의 세계는 존재한다. / 진정으로 잘못된 추론 (이성에 대한 맹목적 신뢰: A가 *존재한다면*, 그것의 대립-개념은 B로 *존재*해야 한다) / 고통이 이러한 추론을 고무시키고 있다. 근본적으로 그것은 하나의 희망 사항이지만, 그러한 세계를 원한다. 여하튼 고통을 낳는 세계에 대한 증오는 다른 세계, 즉 가치가 충만한 세계를 상상해 내는 것에서 자신을 표현한다. 현실적인 것에 대한 형이상학자들의 증오는 여기서 창조적이다."[74]

니체는 "어떤 유형의 인간이 그렇게 사유하는가?"라고 묻는다. 그에 따르면 그러한 인간 유형은 바로 "비생산적인, 고뇌하는 유형, 삶에 지친 유형이다."[75] "지친 자, 고뇌하는 자, 불안한 자들이 최고의 행복을 생각한다면, 평화를 생각하거나 비운동성, 평안, 어떤 깊은 잠과 같은 것을 생각한다. 이로부터 아주 많은 것이 철학으로 스며들었다. 이와 마찬가지로 확실하지 않은 것, 애매모호한 것, 변화

---

72) KSA 12, 366쪽.

73) KSA 12, 365쪽.

74) KSA 12, 327쪽.

75) KSA 12, 365쪽 이하.

무쌍한 것에 대한 두려움은 자신의 대립물, 즉 간단한 것, 동일하게 늘 존재하는 것, 계산되어질 수 있는 것, 확실한 것을 지고한 것으로 만들었다."[76] 니체는 형이상학의 원인을 고통으로부터 해방되려는 욕망에서 찾는다. 이는 바로 고통 받지 않는, 형이상학적, 즉 선한 세계에 대한 창조로 귀결된다. 순수한 무시간적 초월적 존재, 진리의, 선한 세계에 대한 형이상학적 구상은 다양한 수단들, 말하자면 논리, 개념, 이성들을 사용한다.[77] 하지만 니체에 따르면 그 결정적 수단은 도덕적 범주 및 도덕적 신념이다. "주의하라! 지금 '*도덕 범주*'가 장난을 치고 있다. 어떤 존재도 기만을 원하지 않는다. 어떤 존재도 기만해서는 안 된다."[78] "바로 그렇기 때문에 도덕은

---

76) KSA 11, 629쪽.

77) 니체는 삶의 관점에서 언어와 논리가 갖는 유익함과 해로움에 대해 숙고하고자 한다. 니체의 경우 언어와 논리는 삶에 필수적인 수단이다. "이것들의 도움으로 우리는 뒤엉켜있는 다수성을 합목적적으로 그리고 편리한 도식으로 환원시킬 수 있다"(KSA 13, 336쪽). 따라서 언어와 논리는 우리의 실존을 가능하게 하는 정돈된 세계를 만들기 위한 수단이다. 왜냐하면 우리는 항구적 생성 소멸의 세계, 니체에게는 '세계 자체'를 의미할 이 세계에서는 살 수 없기 때문이다. 그렇게 우리는 언어와 논리를 가지고 우리에게 계산되어질, 단순화된, 이해되어지는 등의 세계를 만들어 내는 것이다. 우리는 언어와 논리를, 그리고 이것들과 함께 발전된 정신, 이성, 사유 그리고 의식의 표상들을 이제 더 이상 포기할 수는 없다. 하지만 니체에 의하면 언어와 논리가 삶에 봉사라는 관점에서 창조된 성격, 즉 유용한 가상의 성격을 넘어서 진리의 절대적 심급으로서 등장할 경우에, 우리는 그것들의 진정한 실체를 인식하고 비판해야 한다. 그것들은 '초월적 진리' 혹은 '존재' 인식을 위한 수단이 아니다. 니체에 따르면 지금까지의 철학자들은 논리와 언어 안에서 근거 지워진 이성을 진리에 대한 인식의 수단으로 간주하고, 형이상학의 세계를 건설하였다고 한다(KSA 13, 336쪽을 참조하라). 이에 관해서는 이진우, 『이성은 죽었는가, 포스트모더니즘의 철학』 서울: 문예출판사, 1998, 145~180쪽을 참조하라.

78) KSA 13, 336쪽.

그들(형이상학자들)에게 중요성을 지닌다. 왜냐하면 도덕이 고통의 제거라는 관점에서 본질적 조건으로 간주되기 때문이다."[79] 니체는 이와 관련하여 다음과 같이 말한다. "나는 우려한다. 도덕은 항상 *철학자들의 마녀*이다. 철학자들이 모든 시기에 중상 모략자가 될 수 밖에 없게끔 고약한 장난을 쳤던 것이 바로 도덕이다. 철학자들은 도덕적 '진리들'을 믿었다. 그들은 도덕에서 최상의 가치들을 구했던 것이다."[80]

니체의 경우 형이상학적 세계 해석의 탄생은 본질적으로 심리적인 차원에서 규명될 수 있다. 형이상학은 완벽히 질서 지워진 세계에 대한 의지, 즉 도덕적 이상에의 의지로부터 생성된 것이다. 철학자의 특이성은 "고통을 받지 않기 위해 눈을 영원히 감아 버린다는데 있다."[81] 니체가 볼 때 형이상학적 세계로 들어 선 철학자들은 모든 신학자와 이상주의자들이다. 그들은 현실세계에 대립하고 현실세계의 부정을 말하는 자들이다. 그 대신에 이들은 무를 추구하고 무를 실재로 삼는 자들이다. 이들은 "언제나 무를 쫓고 있고, 그리고 무를 '신'으로, '진리'로 만들고, 그리고 마찬가지로 무를 *현세적* 존재의 판결자와 집행자로 만들"[82]고 있다. 이러한 도덕적 이상에의 의지는 사실상 무에의 의지와 다름 아니라는 것이다. 그러나 형이상학의 세계, 다시 말해 이 유토피아의 세계는 삶에게는 아주 매력적인 것이다. 그것은 현실화될 수 없는 세계이기 때문에 계속 의욕의 대상으로 남을 것이기 때문이다. "사람들이 갖고자 하는 것은 욕망

---

79) KSA 12, 328쪽.

80) KSA 13, 319쪽.

81) KSA 6, 175쪽.

82) KSA 13, 318쪽.

을 더 크게 만든다. 욕망 자체는 실현될 수 없음을 통해서 자란다. 가장 위대한 이념들은 가장 격렬하고 가장 강고한 욕망이 창조한 것이다. 우리는 어떠한 사물에 대한 욕망이 커지면 커질수록, 그 사물에 더욱 더 많은 가치를 부여한다. '도덕적 가치'가 최상의 가치가 되었다는 것은, 도덕적 이상(das moralische Ideal)이 가장 실현시키기 힘든 것이라는 것을 말하는 것이다. 도덕적 이상이 모든 고통의 피안으로서 영혼성의 수단으로서 간주되는 한 말이다. 인류는 항상 부풀어 오르는 가슴을 가지고 구름을 감싸 안았다. 인류는 마침내 자신들의 당혹, 자신들의 무능력을 '신'이라고 명명했다."[83]

제5장 형이상학의 세계와 허무주의의 세계

니체는 형이상학적 세계는 가치의 투쟁으로 현상하는 '현실세계'에 대한 증오에서 비롯되었고 그 세계는 이러한 현실세계로부터의 도피의 산물일 뿐이라고 주장한다. 그 증오의 이면은 바로 질서와 평화와 안정을 약속하는 '도덕적 이상에의 의지'로 나타난다. 이와 같이 증오는 이상적이고 선하고 참된 세계를 창조하고, 이러한 세계는 '고통으로부터의 영원한 해방', 즉 구원을 약속한다.

하지만 형이상학의 세계는 역사의 진행 속에서, 말하자면 인간 지성의 발전 속에서 필연적으로 하나의 오류, 하나의 '가상'으로 밝혀질 수밖에 없다. 형이상학의 세계, 또는 '신'은 도덕적 이상에의 의지로부터 생성된 하나의 가상물이기 때문에, 그것은 필연적으로

83) KSA 12, 559쪽.

시간의 경과 속에서 실망될 것이고 탈신화화될 것이고 마침내 '무'로서 인식될 것이다. 허무주의의 생성 원인에 대한 니체의 기본 입장은 다음의 문장에서 읽어 낼 수 있다. "왜 허무주의의 등장이 지금부터 필연적인가? 왜냐하면 지금까지 우리의 가치 자체가 바로 허무주의였고, 그것 안에서 마지막 귀결이 도출되기 때문이다. 왜냐하면 허무주의는 우리의 위대한 가치들과 이상들이 최종적으로 이끌어나가는 사유의 논리이기 때문이다."[84] "지금까지 인류의 모든 *이상주의*는 다음의 개념, 즉 *허무주의*로 돌변할 것이다. 절대적 *가치* 상실에 대한 믿음으로, 즉 절대적 *의미* 상실에 대한 믿음으로"[85] 돌변할 것이다.

니체가 볼 때 허무주의는 유럽 정신사의 필연적 귀결이다. 니체는 서양의 형이상학이 그 실체를 드러낼 수밖에 없다고 보았고, 형이상학이 절대적 가치를 상실함으로써 결과적으로 모든 가치를 부정하는 삶의 태도를 가져올 것이라고 보았다. 이러한 측면에서 본다면 허무주의의 세계는 삶의 몰락의 징후를 나타낸다. 그러나 다른 한편으로 니체는 허무주의의 세계는 새로운 세계의 출현을 동시에 함축하고 있는 것으로 보았다. 니체에 따르면 이 새로운 세계는 바로 '힘에의 의지'와 '동일한 것의 영원회귀'로 표현되는 다원주의의 세계이다. 다시 말해 이 세계는 형이상학이 등장하기 이전의 세계로서 '가치들의 투쟁'과 '공존'으로 표현되는 세계이다. 다원주의의 세계를 절대성의 상실이라는 허무의 감정에서 부정적으로 받아들일 것인지, 새로운 삶의 가능성이 열린 세계로 긍정적으로 받아들일 것인지는 우리의 선택에 달려 있는 것이다.

84) KSA 13, 190쪽.

85) KSA 12, 313쪽.

제3부 니체의 칸트 수용과 비판

제3부는 니체가 근대 철학의 정점에 서 있는 칸트로부터 어떤 점을 받아들이고 어떤 점을 비판했는지를 살펴보는 데 있다. 우리는 '근대'에 대해 어떤 생각을 하고 있을까? 근대의 특징[1]은 대략 두 가지 측면에서 논의될 수 있을 것이다. 첫 번째 특징은, 근대는 전통과의 완전한 단절을 나타내고 있다는 점이다. 새로운 것을 나타내는 시대개념인 근대는 중세와 고대와는 질적으로 다른 특성을 나타낸다. 경험적 인과법칙으로 대상을 환원하고 목적달성에 가장 효율적인 수단을 만드는 근대의 합리화과정은 종교적·초자연적 힘들을 세계에서 퇴출시킴으로써 세계를 탈신비화했다. '형이상학적 이성' 또는 '신에 대한 믿음'의 토대 위에서 가능했던 사물의 질서와 도덕적 규범의 절대성은 상실되었다. 이로부터 생겨난 분열의 상황에서 이제 또 다른 근대의 특징이 도출된다. 그 두 번째 특징은, 전통세계를 몰락시키고 전통세계와의 관계를 단절한 근대는 해방의 자유를 맛보는 대가로 오직 스스로의 힘으로 새로운 삶의 질서를 만들어내야 하는 막중한 과제를 가지게 되었다는 점이다.

---

1) '근대성의 개념'에 대해서는 위르겐 하버마스, 『현대성의 철학적 담론』, 이진우 역, 문예출판사 1995, 19쪽 이하를 참조하라.

근대철학은 분열과 통일의 변증법적 운동 안에 있다. 근대의 탄생에서 근대의 정점으로 나아가는 시기의 대표적 철학자인 칸트는 근대의 분열을 '무의식적으로' 인식한다.[2] 그렇다면 칸트는, 인간은 어떻게 자신의 삶을 질서 지워야 한다고 믿었는가? 서양 이성주의 전통을 따르는 칸트의 경우, 인간의 올바른 자기형성이란 보편타당한 행위의 원칙 속에서 보편적 존재로서의 자아, 즉 보편적 인간주체를 정립하는 것이다. 칸트의 경우 인간의 자기형성의 핵심은 보편적 인간이 되는 것이고 이를 위해 정언명법으로 표현되는 보편적 도덕법칙을 따르는 것이라고 할 수 있다. 그가 추구하는 인간 삶은 개별적 존재로서의 주체가 원하는 것을 행하는 삶이 아니라 보편적 존재로서의 주체가 마땅히 지켜야할 법칙을 따르는 삶이다. 인간이 모두에게 타당한 법칙에 따라 행동한다면 인간관계는 질서를 유지할 수 있을 것이고, 이를 토대로 인간은 이성적 공동체를 형성할 수 있다는 것이다. 이를 통해 현대의 분열은 극복될 수 있는 것이다.

니체는 칸트에서 유래하는 현대의 이성주의자와는 다른 길을 간다. 그는 근대의 분열이 탄생한 배경에 대해 사유하고 이러한 세계의 분열을 긍정한다. 니체가 볼 때 근대는 이중적인 의미를 가진다. "전체-통찰: 우리의 근대 세계가 지닌 이중적 성격, - 즉 동일한 징후들을 몰락과 강함으로 해석할 수 있을 것"[3]이라고 니체는 말한다.

---

2) 하버마스는 헤겔을 근대의 분열을 의식적으로 경험한 최초의 철학자로 이해한다. 근대의 원리는 자율성의 원리, 또는 주체성의 원리라는 인식에서 출발하는 헤겔은 다시 근대의 분열을 통일하려는 욕구 속에서 자신의 철학을 전개시켰다. 결국 헤겔은 통일을 가능하게 하는 유일한 수단을 '절대이성'에서 찾고 있다(같은 책, 36쪽 이하를 참조하라).

3) KSA 12, 468쪽.

니체의 경우, 한편으로 근대는 분열과 이로부터 비롯되는 '혼돈'의 장소이다. 삶에 통일성을 주었던 전통의 형이상학과 종교에서 이탈한 근대는 규범적 정향성의 상실과 삶의 의미의 상실로서 파악된다. 니체는 허무주의로 표현되는 근대의 이산과정을 보고 고뇌한다. 하지만 다른 한편으로 근대는 분열로 표현됨에도 불구하고 그 속에는 새로운 미래의 '강함'이 잠재되어 있음을 감지한다. 니체는 이러한 분열의 세계는 새로운 강력한 인간 유형의 탄생을 예고하는 것이고 그 구체적 모습을 새롭게 등장할 가치창조의 주체인 '주권적 개인' 속에서 보고 있다. 그 반면에 근대의 분열상황을 극복하는 새로운 힘으로 등장한 근대의 이성은 하나의 대체종교(Ersatzreligion)로서 새로운 우상이 되어 인간을 억압할 것이라고 니체는 간파한다. 니체는 모든 우상들이 파괴되어 '완전한 허무주의(다원주의)'에 이를 때, 비로소 근대는 새로운 예술적 삶의 가능성을 찾게 될 것이라고 보고 있다.

니체의 철학적 근본문제는 분열, 즉 허무주의로 대변되는 근대에서 인간은 어떻게 자기의 삶을 형성해야하는지의 문제이다. 제3부는 니체가 이러한 문제를 설정할 때 칸트로부터 많은 영향을 받았고 또한 칸트와의 비판적 대결 속에서 해답을 구하고 있다는 전제에서 출발한다. 제3부의 목적은 니체가 칸트의 어떤 부분을 수용하고 있고 어떤 부분을 비판하고 있는지를 분석하고 서술하는 것이다. 니체의 칸트 수용과 비판에 대한 분석은 이론철학(제2장)과 실천철학(제3장)의 두 영역에서 각각 상세하게 진행될 것이다.

제1장 니체의 칸트 이해

특히 두 명의 사상가가 초기 니체의 칸트 이해에 결정적 영향을 미친다. 한 사람은 자신의 철학을 칸트철학의 전개와 완성으로 이해했던 아르투어 쇼펜하우어(Arthur Schopenhauer)이고 또 다른 사람은 1866년 신칸트주의적 저술인 『유물주의의 역사』를 쓴 프리드리히 알버트 랑에(Friedrich Albert Lange)이다. 1866년 11월 라이프치히 대학의 학생이었던 니체는 자신의 친구인 헤르만 무샤케(Hermann Mushacke)에게 다음과 같은 편지를 쓴다. "칸트, 쇼펜하우어 그리고 랑에의 이 책 - 나는 더 이상은 필요치 않다."[4] 니체가 1866년 8월말에 칼 폰 게르스도르프(Carl von Gersdorff)에 쓴 편지에서도 쇼펜하우어와 랑에가 니체의 칸트 이해에 영향을 주었음을 감지할 수 있다. "끝으로 내가 완전한 호감을 지니고 있는 쇼펜하우어에 대해서도 언급되어야 할 것이다. 최근에는 다른 저술이 내가 그로부터 취하는 것을 아주 명확하게 만들었다. 그 방식에 있어 아주 탁월하고 배울 점이 많은 이 책은 Fr. A. 랑에의 '유물주의의 역사와 유물주의의 현대적 의미비판'이다. 우리는 여기서 최고로 계몽된 칸트주의자와 자연연구가를 보게 된다. 그의 결과는 다음의 세 문장 속에서 요약된다. / 1) 감각의 세계는 우리의 조직의 생산물이다. / 2) 우리의 가시적(물체적) 조직은 현상세계의 다른 모든 부분과 마찬가지로 단지 미지의 대상의 형상일 뿐이다. / 3) 우리의 현실적 조직도 또한 현실적인

4) 니체의 편지는 Giorgio Colli와 Mazzino Montinari에 의해 편집된 *Sämtliche Briefe, Kritische Studienausgabe in 8 Bänden*, München 1986에서 인용하였고, 인용시 권번호와 페이지를 기입하였다. Sämtliche Briefe, Kritische Studienausgabe (=KSB) 2, 184쪽.

외부사물과 마찬가지로 우리에게 미지의 것이다."[5]

이 당시 니체는 칸트의 『순수이성비판』의 결과물에 자신의 사유를 연결시키고 있다. 인간의 인식능력의 한계에 대한 칸트의 통찰이후 철학이 더 이상 '사물 자체'를 인식할 수 없다면, 이제 예술이 그 과제를 넘겨받아야 한다는 것이다. 니체는 1868년 친구 파울 도이센(Paul Deussen)에게 '형이상학적 철학의 체념'이 정당하다는 주장을 담은 다음의 편지를 보낸다. "형이상학의 왕국, 이와 함께 '절대적' 진리의 영역은 피할 수 없이 시와 종교의 왕국으로 옮겨진다. 이제 무엇인가를 알고자 하는 자는 지식의 상대성에 의식적으로 만족해야 한다. 예컨대 모든 유명한 자연 연구가들처럼. 그러니까 형이상학은 몇몇의 인간들에게는 심정적 욕구의 영역에 속하고, 그것은 본질적으로 볼 때 신앙심의 발로이다. 다른 한편으로 형이상학은 예술이다. 말하자면 개념시의 예술이다. 그러나 확고히 해야 하는 것은 형이상학이 종교로서건 예술로서건 소위 '진리 자체 혹은 존재자 자체'와 연관되지 않는다는 점이다."[6]

니체는 1867년에 칸트에 대한 공부를 시작한다. 그는 칸트의 『판단력 비판』과 칸트를 서술한 쿠노 피셔(Kuno Fischer)의 『새로운 철학의 역사』를 읽는다.[7] 또한 니체는 1868년 초에는 「칸트 이래의 유기적인 것의 개념」[8]이란 주제로 박사논문을 계획한다. 이는 물론 니체가 1869년 바젤 대학의 고전문헌학 교수가 된 이후로 중단되었

---

5) KSB 2, 159쪽 이하.

6) KSB 2, 269쪽.

7) Karl Schlechta, *Nietzsche-Chronik. Daten zu Leben und Werk*, München 1984, 27쪽과 29쪽을 참조하라.

8) KSB 2, 269쪽.

다. 니체의 본격적인 칸트 연구, 특히 칸트의 실천철학에 관한 연구는 비로소 1887년 1월에서야 시작되었다고 알려져 있다.[9)] 말하자면 니체는 『판단력 비판』이외에는 칸트의 원전을 읽었던 것이 아니다.

출간된 것이건 출간되지 않은 것이건 니체의 저술의 많은 곳에서 칸트의 인용이 발견된다. 니체의 칸트에 관한 지식은 많은 부분이 매개된 것이다. 전체적으로 볼 때 칸트의 중심사유는 쇼펜하우어의 저작을 통해 친숙하게 되었다고 볼 수 있다. 그러나 그럼에도 불구하고 니체는 칸트를 날카롭게 분석함으로써 칸트의 입장에 대한 심층적 파악에 성공했다고 말할 수 있다. 또한 니체는 쇼펜하우어의 칸트 해석에 의해 결정적인 영향을 받았지만 그것에 매몰되지는 않았다. 예컨대 니체는 쇼펜하우어와 달리 자율성, 즉 자기입법과 인간의 자유에 관한 칸트의 사유를 진지하게 수용하였고 이러한 자기입법의 문제를 자신의 방식으로 정립하려고 시도했다. 니체는 칸트가 제기한 새로운 인간 주체성의 확립문제를 보다 철저하게 사유하였던 것이다.

제2장 칸트 이론철학의 수용과 비판

니체는 칸트로부터 무엇을 물려받았는가? 니체의 인식론에 강력한 영향을 미친 철학자 중 한 사람은 칸트[10)]이다. 니체의 인식론은

9) 1887년 5월과 6월에 니체는 칸트의 『실천이성비판』, 종교저작들, 『판단력 비판』, 『학과들의 논쟁』의 연구에 몰두한다(KSA 14, 739를 참조하라). Curt Paul Janz, *Friedrich Nietzsche. Biographie*, 3 Bde., München 1989, Bd. 1, 504쪽을 참조하라.

칸트의 구성주의에 많은 빚을 지고 있다. '사유의 혁명'을 지향하는 칸트의 코페르니쿠스적 전환[11]은 요컨대 객관에서 주관으로의 관점 전환으로 이해된다. 니체는 이러한 칸트의 코페르니쿠스적 전환에서 출발하면서 이를 보다 급진적으로 전개시키고 있다.

칸트는 자연 또는 세계를 현상, 즉 인간 표상의 총괄개념으로 이해한다. 자연 또는 세계에 대한 전통적 견해에서 보면, 칸트적 사유가 지닌 혁명적 성격은 확연하게 드러난다. 우리는 칸트의 다음과 같은 문장에서 그 혁명적 성격을 파악할 수 있다. "지성은 (선험적으로) 자신의 법칙을 자연으로부터 가져오는 것이 아니라 이 법칙을 자연에 제정한다."[12] 칸트는 또 다음과 같이 말하고 있다. "우리가 *자연*이라 부르는 현상에 질서와 규칙성을 우리 스스로가 부여하는 것이다. 그리고 만일 그렇지 않으면, 다시 말해 우리의 심성이 본래 자연에 부여하지 않으면 질서와 규칙성이 자연 속에서 발견될 수 없는 것이다."[13]

우리가 객관으로 간주하는 것은 미리 존재하는 것이 아니다. 다시 말해 '그 자체'로 확고하게 존재하는 어떤 것이 나중에 의식되는 것이 아니다. 칸트에 따르면 우리의 인식이 대상을 향하는 것이 아

---

10) 초기 니체의 칸트로의 길에 대해 Otto Ackermann, *Kant im Urteil Nietzsches*, Tübingen 1939, 3쪽 이하를 참조하라.

11) Immanuel Kant, *Kritik der reinen Vernunft* (=KrV), B XVI를 참조하라. 칸트의 저작 중 *Kritik der reinen Vernunft*와 *Prolegomena zu einer jeden kuenftigen Metaphysik, die Wissenschaft wird auftreten können*은 Kant, *Werke in zwölf Bänden,* (Hrsg.) Wilhelm Weischedel, Frankfurt/M 1974 판에서 인용한다.

12) Kant, *Prolegomena zu einer jeden kuenftigen Metaphysik, die Wissenschaft wird auftreten können* (=Proleg) A 113.

13) Kant, *KrV*, A 125.

니라 역으로 대상이 우리의 인식을 향해 있다는 것이다.[14)]

니체의 인식론은 유형적으로 볼 때 칸트의 코페르니쿠스적 전환에 조응하는 것이다. 니체에 따르면 객관은 "우리가 우리에게 문제되는 연관관계를 요약하는 하나의 통일"[15)]일 뿐이다. 우리 현실의 형상은 완성되어 이미 존재하는 외부세계의 단순한 모사가 아니라 우리의 특수한 질서형식에 의해 형성된 것이다. 우리 인간은 인식하는 자로서 결코 수동적이거나 수용적인 태도를 취하고 있지 않다. 우리의 '현실'은 단지 우리의 인식형식에 의해 '해석된' 현실일 뿐이다. 따라서 인식은 "인식"이 아니라 "도식화"[16)]일 뿐이다. 이때 니체는 칸트 인식론의 하나의 중심개념을 사용하고 있음을 알 수 있다.

앞서 제2부에서 살펴보았듯이, 니체는 인식을 유용성의 지평에서 논의하고 있다. 결론적으로 말해 니체는 인식을 삶을 위한 변조 행위로 파악한다. 니체에 따르면 "인식은 다양한 유형의 것, 셀 수 없이 많은 것들을 동일한 것, 비슷한 것, 셀 수 있는 것으로 *변조시키*는 것이다. 즉, 삶은 단지 그러한 변조-장치의 도움을 통해서만 가능한 것이다."[17)] 따라서 니체의 경우 인식은 본래 "'인식'이 아니라 우리의 실천적 욕구가 필요로 할 경우 혼돈에 규칙과 형식을 부여하는 도식화이다."[18)] 이렇게 본다면 '인식'은 "마치 유익함과 해로움의 문제와 무관하게 오로지 진리를 추구하는 진정한 인식욕구가 존재하는 것처럼"[19)] '순수 진리'를 지향하는 것이 아니다. 인식욕구

14) Kant, *KrV*, A XVI를 참조하라.

15) KSA 12, 97쪽 이하.

16) Kant, *KrV*, A 137/B 176 이하.

17) KSA 11, 506쪽.

18) KSA 13, 333쪽.

의 배후에는 실제로는 삶의 실천적 관심이 작동하고 있다.

그런데 니체의 경우 흥미로운 것은 인식욕구가 자기보존을 위한 유용성의 차원으로만 환원되는 것이 아니라는 점이다. 그 인식욕구는 더 나아가 "*전유적-억압적 충동으로* 환원될 수 있"고, 그리고 "이러한 충동에 근거하여 감각, 기억, 본능 등등이 발전한다"[20]는 것이다. 이와 같이 "우리의 모든 인식조직과 인식감각은" "보존과 성장"[21]이라는 두 가지의 관점에서 발전되었다는 것이다. 니체는 이와 관련하여 다음과 같이 말한다. "인식은 힘의 도구로서 작업한다. 그렇게 인식이 더 많은 힘과 함께 성장한다는 것은 자명한 것이다. (...) 다시 말해 인식 의지의 *척도*는 하나의 종이 지니는 *힘에의 의지*의 성장의 척도에 의존한다. 하나의 종은 *현실에 주인이 되기 위하여, 현실을 유용하게 만들기 위하여* 그렇게 많은 현실을 파악한다."[22]

니체는 칸트의 코페르니쿠스적 전환에 결정적인 영향을 받았으나[23] 자신의 사유 도정에서 칸트의 인식론을 날카롭게 비판하였다. 그렇다면 이제 니체는 칸트의 이론철학의 어떤 부분을 어떤 관점에

---

19) KSA 13, 325쪽.

20) KSA 13, 326쪽.

21) KSA 12, 352쪽을 참조하라.

22) KSA 13, 302쪽.

23) "코페르니쿠스적 전환"과 관련하여 칸트와 니체의 관계에 대해서는 Friedrich Kaulbach, "Autarkie der perspektiven Vernunft bei Kant und Nietzsche", In: Josef Simon (Hrsg.), *Nietzsche und die philosophische Tradition*, Würzburg 1985, 90~105쪽; Ders. "Kant und Nietzsche im Zeichen der kopernikanischen Wendung. Ein Beitrag zum Problem der Modernität", In: *Zeitschrift für philosophische Forschung* 41 (1987), 349~372쪽을 참조하라.

서 비판하고 있는지를 살펴보자.

첫째, 니체는 칸트의 범주의 선험성을 비판하고 있는데 이는 다양한 세계해석(세계인식의 다양성)의 가능성을 확보하려는 동기에서 진행되는 것으로 보인다. 본래 칸트의 코페르니쿠스적 전환의 동기는 인식주관 자체에 대한 반성을 통해 확고한 인식의 토대를 다시 마련하려는 데 있다고 할 수 있다. 칸트에 따르면 인간의 인식능력은 자연에 대해 '선험적으로' 법칙제정적인 성격을 띠고 있다.[24] 칸트의 경우 존재자는 자연에 대한 순수 지성의 법칙제정을 통해 인간에게 인식된다. 그렇게 경험적 진리(현상의 인식)는 초월적 진리를 통해서 가능하게 된다. 다시 말해 현상으로서의 사물은 우리의 선험적 인식조건을 따르고 있는 것이다. 지성의 법칙제정은 지성 안에 선험적으로 발원한 범주와 범주사용의 근본법칙을 통해 실행된다. 그러나 니체는 경험진리를 가능하게 하는 범주가 선험적인 성격을 지닌다는 것에 대해 이의를 제기한다. 니체는 범주에 대해 다음과 같이 말하고 있다. "아주 동일한 것이 마찬가지로 이성의 범주들에도 해당될 것이다. 이성의 범주들은 많은 시도와 시행착오 속에서 상대적 유용성을 통해 보존되었을 것이다. 사람들이 이성의 범주들을 종합하고 전체로서 의식했던 순간이 생겼다. 그리고 사람들이 이성의 범주들을 명령했던, 즉 이성의 범주들이 명령적으로 작용했던 순간이 생겼다. / 이제부터 이성의 범주들은 선험적으로 간주되었다. 경험을 넘어서 있는 것으로, 거부할 수 없는 것으로. / 그러나 아마도 이성의 범주들은 일정한 종족의 합목적성과 유적 합목적성을 표현하는 것 이외에 다른 것이 아닐 것이다. 단지 그것들의 유용성만

---

24) Kant, *Proleg.* A 109 이하를 참조하라.

이 그것들의 '진리'인 것이다."[25]

니체는 물론 오래 전부터 이미 범주는 명령적이고 법칙제정적이었다는 것을 강조한다. 하지만 이러한 범주가 애초부터 그러한 것으로 존재했던 것은 아니다. 선험적으로 보이는 범주도 실제로는 역사 속에서 생성된 경험적인 것으로 파악되어야만 한다는 것이다. 이러한 관점에서 범주는 자신의 초월적 의미를 상실하게 된다. 범주는 단지 관습적인 처리수단일 뿐이고 그러한 것으로서 인간에게 일정한 유용성을 가져다주는 것이다. 이러한 관점에서 니체는 다음과 같이 말한다. "필연성과 보편성은 결코 경험을 통해 주어질 수 없다. 그러니까 경험으로부터 독립적으로, 모든 경험에 앞서서! / 선험적으로 일어나는, 그러니까 모든 경험으로부터 독립적으로 단순한 이성으로부터 일어나는 그러한 통찰, '순수 인식'. / 논리법칙들, 즉 동일률과 모순율은 순수 인식들이다. 왜냐하면 그것들은 모든 경험에 선행하기 때문이다. 그러나 그것은 결코 인식이 아니라! 조정적 신앙목록일 뿐이다!"[26]

이와 같이 인식의 본질은 "인간중심적이고 생물학적으로 간주"[27]되어야만 한다. 그렇기 때문에 니체는 "진리와 진리로서 믿게 된 것을 혼동"하는 것에 대해 경고한다. 니체에 따르면 칸트의 선험적 종합판단과 관련해서도 우리에게 이러한 선험적 종합판단이 가능한지의 문제 보다는 우리가 왜 이러한 선험적 종합판단을 믿어야 하는지의 문제를 생각해보는 것이 보다 '계몽된' 지성의 모습이라는

25) KSA 13, 283쪽.

26) KSA 12, 265쪽 이하.

27) KSA 13, 302쪽.

것이다. "이제 마침내 '어떻게 선험적 종합판단이 가능한가?'라는 칸트의 물음을 '왜 그러한 판단에 대한 믿음이 필요한가?'라는 다른 물음으로 바꿔야만 할 시기가 왔다. 즉 우리 같은 종의 존재를 보존하기 위해 그러한 판단을 참이라고 믿어야만 한다는 사실, 그리고 왜 그 판단이 당연히 잘못된 판단이 될 수 있는지를 파악해야 하는 시기가 왔다! 또는 더 분명하게 근본적으로 말해, 선험적 종합판단은 전혀 '가능한 것'이 될 수 없다. 우리에게는 그러한 판단을 주장할 권리가 없다. 우리의 입으로 말하자면 그것은 단지 잘못된 판단일 뿐이다. 물론 삶의 관점주의적 시각에 속하는 하나의 표면적 믿음이나 외관으로 단지 그 판단의 진리에 대한 믿음은 필요하다."[28]

니체는 "우리의 개념은 우리의 필요에 의해 고취되었다"[29]라고 말한다. 인간이 인식의 영역에서건 실천의 영역에서건 간에 확고한 토대를 추구한다는 것은 인간 삶의 기본 욕구에 해당하는 것이다. 그에 따르면 "삶은 지속적인 것과 규칙적으로-반복하는 것에 대한 믿음의 전제에 토대를 두고 있다. 삶이 강해지면 강해질수록, 예측이 가능한, 말하자면 존재하는 것으로 만들어진 세계는 더욱더 확장되어나갈 것임에 틀림없다. 삶의 보조수단으로서 논리화, 합리화, 체계화"[30]는 필수적이다. 하지만 보편적인 개념과 범주는 세계를 논리적이고 법칙적으로 만들려는 인간 행위의 수단일 뿐이라는 사실을 망각해서는 안 된다. 니체의 경우 이러한 '논리적인 행위', '합리적인 행위', '체계를 만드는 행위'들도 또한 넓은 의미에서 보면 일종

---

28) KSA 5, 25쪽 이하.

29) KSA 12, 97쪽.

30) KSA 12, 385쪽.

의 예술 행위에 속한다. 여기서 중요한 것은 이 행위들이 인간의 여러 예술 행위들 중 하나의 유형일 뿐이라는 사실, 그리고 세계를 인식하고 해석하고 이해하고 창조하는 다른 예술 행위들이 존재하고 있다는 사실이다. 따라서 세계는 여러 차원에서 다양하게 구성되어 쓰여질 수 있고, 또한 다양하게 해석되어 읽혀질 수 있는 것이다.

둘째, 니체는 칸트가 전제하고 있는 '사물 자체' 개념을 비판하고 있는데, 이를 통해 우리 인간의 세계는 '가상(Schein)'의 성격을 지니고 있음을 주장하는 동시에 모든 형이상학적 '존재' 개념의 '찌꺼기'를 극복하려 했던 것으로 보인다. 칸트의 경우 인간지성의 법칙제정능력, 즉 지성 안에 내재된 선험적 범주와 이 범주에 조응하는 선험적 법칙은 경험 대상을 가능하게 만들고 자연을 합법칙적 연관관계로 만든다. 자연은 이러한 법칙제정에 정향되어 있고 이것을 통해 인간에 의해 인식된다. 그런데 칸트의 경우 그렇게 구성된 혹은 우리에게 현상하는 자연은 단순한 '가상'으로 이해되어서는 안 된다. 왜냐하면 '사물 자체'가 현상의 배후로 사유되었기 때문이다.[31)]

니체는 칸트의 '현상'과 '사물 자체'의 구분이 칸트 철학 내에서 볼 때 모순을 야기하는 것으로 보고 있으며, 칸트의 '사물 자체'에 대한 설정은 독단적 규정에 불과한 것으로 간주한다. 니체는 이러한 관점에서 다음과 같이 말하고 있다. "칸트 비판주의의 맹점은 그리

---

31) Kant, *Proleg.* A 104 이하를 참조하라. Kant, *KrV*, B XXVI 이하: "그러나 여기서 우리는 바로 이 대상을 사물 자체로 인식할 수는 없어도 적어도 사유할 수는 있다는 것이 유보되어 있다는 점에 유의하지 않으면 안 된다. 왜냐하면 그렇지 않으면 아무 것도 배후에 없는 현상이 거기에 나타난다는 부조리한 명제가 따라 나오기 때문이다."

세밀하지 않은 눈에도 서서히 명백해졌다. 칸트는 더 이상 '현상'과 '사물 자체'에 대한 구분의 권리를 갖고 있지 못했다. 자신의 인과 개념과 이 개념의 순수 현상 내에서의 타당성에 조응해서, 그가 현상의 원인(Ursache)을 두고 현상을 추론함을 불가능한 것으로 거절하는 한, 그는 이러한 예전의 통상적인 방식에서 구분하는 권리를 스스로 잘라냈던 것이다. 하지만 다른 측면에서 이 사유양식은 마치 '사물 자체'가 *추론될* 뿐만 아니라 *존재하고 있는* 것처럼 위의 구분을 미리 선취하고 있다."32)

니체의 '사물 자체'에 대한 비판적 논박은 그의 유고들 속에서 많이 발견되는데, 그의 주장의 요점은 한 사물의 특성(본질)은 다른 사물과의 관계 속에서만 규정되기 때문에 '사물 자체'란 존재하지 않는다는 것이다. 니체는 다음과 같이 말하고 있다. "한 사물의 특성은 다른 사물에 대한 작용이다. 다른 '사물'을 빼놓고 생각한다면, 한 사물은 어떤 특성도 갖지 못한다. 즉, 어떤 사물도 다른 사물과 무관하게 존재하지 않는다. 즉, 사물 자체는 존재하지 않는다."33) 이와 같이 '사물 자체'의 지위가 문제시된다면, 칸트의 경우 현상의 '가상성'의 문제는 완전하게 해결되지 못한다.

니체는 가상의 문제를 해결하고자 하는 칸트의 시도를 '하나의 시도'로 인정한다고 볼 수 있다. 그러나 칸트가 현상 세계의 '가상성'을 '사물 자체'에 대한 수용 속에서 극복하려 했다면, 그 반면에

---

32) KSA 12, 185쪽 이하.

33) KSA 12, 104쪽. "'사물 자체'. 내가 어떤 한 사물의 모든 관계, 모든 '특성', 모든 '행위'를 빼놓고 생각한다면, 사물은 남아있지 않게 된다. 왜냐하면 사물성은 비로소 우리가 논리적 욕구로부터, 즉 표시와 이해를 목적으로 *지어낸 것*이기 때문이다"(KSA 12, 580쪽).

니체는 '사물 자체'에 대한 수용에 반기를 들고 현상으로서의 세계를 예술적 '가상'의 세계로 파악한다.

니체에 따르면 '존재 자체', 다시 말해 '세계 자체' 또는 '자연 자체'는 인식될 수 없는 것이다. 이미 제2부에서 살펴본 바와 같이 '인식'은 단지 인간이 이미 창조했던 것과 관련을 맺을 때에만 가능한 것이고 그렇기 때문에 전통적 의미에서 '진리'를 추구하는 인식이란 실제로는 존재하지 않는다. 이와 같이 "생성하는 세계는 엄밀한 의미에서 '개념화'될 수 없고, '인식'될 수 없다. 단지 '개념화하고' '인식하는' 지성이 이미 창조된 대략의 세계를 발견하는 한, 가상이 삶을 보존시키는 한, 세계는 단순한 가상성으로부터 조립되는 것이고, 또한 확고하게 되는 것이다." 니체는 "단지 이러한 조건에서만 '인식'과 같은 어떤 것이 존재한다"고 말한다.[34)]

자연 세계는 즉자적으로(an sich) 존재하고 그 반면에 인간은 그 안에서 대자적으로(für sich) 존재한다. 따라서 '진리'는 인간의 인식에 대하여 근본적으로 닫혀 있는 것이다. 니체는 '세계 자체(Welt an sich)'를 "형식을 갖지 않는, 표현될 수 없는 감각적 카오스의 세계, 즉 *하나의 다른 유형*의 현상 세계, 우리에게는 '인식될 수 없는' 그러한 세계"[35)]일 것이라고 추측한다. 그렇기 때문에 니체에 따르면 우리의 '세계'는 인간에 의해 표상되고 창조된 현상의 세계, 즉 인간에 의한, 인간을 위한 세계로 파악되어야 하는 것이다.

이와 같이 세계 자체는 우리가 파악할 수 없는 어떤 것일지라도 우리는 우리의 세계를 창조해야만 한다. 왜냐하면 우리의 삶은 감각

---

34) KSA 11, 561쪽을 참조하라.

35) KSA 12, 396쪽.

과 인식과 평가의 통일적 기준이 존재한다고 믿을 때 비로소 가능한 것이기 때문이다. 말하자면 삶은 일정한 기준과 그것의 정당화를 통해서만 가능하다. 결국 우리의 삶은 그러한 기준을 만들고 정당화하는 예술적 힘에 근거한다고 할 수 있다. 무엇인가를 창조하고 무엇인가를 무엇인가에 관련하여 해석하고 선택하고 질서 지우는 힘이 바로 예술적 힘이다. 니체의 경우 인간의 이러한 예술적 힘이 바로 인식 행위의 토대이고 더 넓게 보면 삶 자체의 전제인 것이다. "이러한 현실, 이러한 '진리'에 대하여 승자가 되기 위해, 즉 삶을 살기 위해, 우리는 거짓을 필요로 한다. 삶을 살기 위해 거짓이 필요하다는 것, 이것은 무시무시하고 기이한 현존재(Dasein)의 성격 자체에 속한다. (...) 거짓을 통해서 실재에 폭력을 가하는 능력 자체, 이러한 인간의 예술가적 능력, 그는 이 능력을 존재하는 모든 것과 같이 한다. 그 자체가 바로 한 편의 현실, 진리, 자연, 그 자체가 또한 한편의 거짓의 천재인 것이다."[36]

앞서 보았듯이 "최고의 비확실성과 혼돈적인 것"[37]으로 추측되는 '세계 자체'에 대하여 예술적으로 형태를 부여하는 행위와 창조된 것을 평가하는 행위는 인간이 몰락하지 않기 위한 삶의 필수적 행위들이다. 이와 같이 세계의 탄생은 예술적 창조에 근거하는 것이고, 이렇게 탄생한 세계는 본질적으로 '가상'의 성격을 지니고 있는 것이다. 니체는 세계의 원인과 근거가 되는 존재 개념을 거부하고 더 나아가 본질과 현상을 구분하는, 실재와 가상을 구분하는 모든 이원론을 거부한다. 그 대신에 그는 세계의 '가상성'에 만족한다. 그

---

36) KSA 13, 193쪽.

37) KSA 9, 537쪽.

리고 바로 이러한 우리의 세계의 '가상성'이 다양한 자유로운 세계해석의 가능조건이 되는 것이다.

셋째, 니체가 칸트의 이론철학에서 가장 비판의 초점으로 삼고 있는 것은 칸트의 보편적 주체, 즉 '선험적 자아'이다. 사실상 이러한 보편적 주체의 몰락이 다양한 해석 주체의 출현 가능성과 다양한 세계해석 가능성의 근거이다. 칸트의 경우 선험적 자아는 순수한 통각과 상이한 인식능력의 통일과 동일하며 모든 인식 가능성의 마지막 근거이다. 자아로 표현되는 주체성의 무대는 공통적인 통일적 배후의 설정 없이 존재할 수 없고 또한 다양한 상이한 표상과 힘도 '나'의 표상과 힘으로서 동일시될 수 없다. 따라서 칸트는 다음과 같이 말한다. "나는 또 이 표상의 통일을 이 통일에서 선천적 인식이 가능하다는 것을 표시하기 위해 자기의식의 선험적 통일이라고 부른다. 왜냐하면 어떤 직관에 주어지는 다양한 표상은, 만일 그것이 모두 하나의 자기의식에 속하지 않는다면, 그것은 모두 나의 표상일 수 없기 때문이다. 다시 말해 다양한 표상이 나의 표상(가령 내가 그것을 나의 표상이라고 의식하지 않더라도)으로서 하나의 보편적인 자기의식 속에서 공존하기 위한 제약에 반드시 따라야 되겠기 때문이다. 왜냐하면, 만일 그렇지 않으면 이 다양한 표상들이 완전히 나에게 속하지 않게 되기 때문이다."[38] 칸트는 그러한 형식적 자기의식 속에서 사유된 '자아'의 통일을 "논리적 자아"[39]로 서술한다.

자아와 자기 스스로 사유하는 주체 철학의 전통, 즉 데카르트의 전통에서와 달리, 니체는 '자아(Ich)'라는 것 자체에 대해 회의하고

---

38) Kant, *KrV*, B 132 이하.

39) Kant, *KrV*, A 355 이하, B 407 이하를 참조하라.

있다. 물론 니체는 이러한 선험적 자아 개념의 구성을 가능한 것으로 간주한다. 하지만 이 선험적 자아 개념은 단지 세계를 인식 가능한 것으로 만들기 위해, 다시 말해 사유 가능한 것으로 만들기 위해 설정한 하나의 '가정'으로 보아야만 한다는 것이다. 보편적 인식을 위해서는 항상 무조건적인 것의 설정, 즉 보편적 '제3자'의 설정이 필수적이다. 보편적 주체의 설정은 "플라톤이 숙명적인 방식으로 유럽을 위해 준비했던 신화"이고, "아직도 칸트에게서 완전히 포기되지 않는 신화"[40]이다. 철학사에서 보면, 사실상 이것은 인식을 위한 아르키메데스의 점, 즉 어떤 제3자를 인간들 외부에 수용하려는 시도, 즉 "인식을 위한 어떤 하나의 주체, 어떤 순수 '지성', 어떤 하나의 '절대정신'"[41]을 수용하려는 시도로 나타났다는 것이다.

니체는 인간 주체에 관해 말할 때 '자아(Ich)'라는 개념을 잘 사용하지 않고 그 대신에 '자기(Selbst)'라는 개념을 자주 사용한다. 니체의 경우 '자아'는 단지 '자기' 안에 존재하는 개별적 '힘에의 의지들'의 형식적 통일을 표시하는 '개념'일 뿐이다. '자아'는 "단지 하나의 개념적 종합일 뿐이다."[42] 니체에 따르면, 물론 인간의 '자기'는 서로 상이한 부분으로 분리되어 있고 상이한 다수의 힘들 속에서 놓여있는 것으로서 비로소 통일과 질서로 형성되어야만 하는 것이다. 니체에게 중요한 문제는, 우리가 어떻게 통일적 주체로서의 '자기'를 경험적으로 형성(Bildung)할 수 있는지의 문제이다.[43] 이러

---

40) KSA 11, 615쪽.

41) KSA 11, 615쪽.

42) KSA 12, 32쪽.

43) 니체에게 "모든 통일은 단지 조직과 공동유희로서만 통일일 뿐이다. 통일은 인간 공동체 같은 것과 비슷하다. 말하자면 원자적 무정부상태와는 대립적

한 주체는 세계를 해석하면서 스스로를 형성한다. 통일적 주체로서의 '자기 형성'은 경험적이고 개별적으로 이루어지기 때문에, 다수의 해석주체들이 등장하게 될 것이다. 그리고 세계를 자신의 관점에서 해석하고 질서지우는 다수의 주체들로부터 다수의 세계들이 탄생하게 되는 것이다. 니체가 칸트의 코페르니쿠스적 전환을 급진화해서 얻어낸 것은 한편으로는 선험적 인식주체의 해체이고 다른 한편으로는 다수의 해석주체와 다양한 세계해석의 존재의 필연성이다.[44]

제3장 칸트 실천철학의 수용과 비판

일반적으로 칸트의 실천철학은 우리의 삶의 형성과 행위원칙을 전통이나 종교의 도움 없이 근거지우려 했다고 평가된다. 허무주의 시대, 즉 다원주의 시대의 도래를 예견한 니체는 칸트의 자기형성과 자기입법의 과제를 자신의 철학적 과제로 수용한다. 그러나 니체가 볼 때, 도덕성과의 연관 속에서 마련된 칸트의 자율과 자기입법은 개인을 동일화시키고 개인의 자아형성의 자유를 억압하는 것을 의미한다.[45] 칸트의 도덕철학 속에서 인간은 "의무의 '자동기계'"[46]가

인 것이다. 이와 같이 하나의 지배-형태로서 하나를 뜻하기는 하지만 하나로 존재하는 것은 아니다"(KSA 12, 104쪽). 즉 통일은 단순히 다양한 상이한 힘들의 총합이 아니라 지배와 종속의 형태로 어떤 질서가 이루어진 통일을 의미한다. 그러나 이것은 내부적으로는 다양성을 갖고 있는 통일의 모습을 띤다.

44) 니체의 다양한 예술적 세계해석의 정당화에 관해서는 이상엽, 「니체, '힘에의 의지'로서의 세계 해석에 관하여」, 니체연구 제4집, 『니체와 현대의 만남』, 2001년, 109~134쪽을 참조하라.

된다는 것이다. 이와 같이 니체는 칸트의 실천철학을 보편적 도덕법칙에 대한 복종을 설파하고 다양한 삶의 형성의 가능성을 저지하는 것으로 해석했다. 그렇기 때문에 칸트의 실천철학은 인간 삶에 해로운 것으로 파악된다.[47] 따라서 니체의 실천철학적 관심은 인간의 자기입법을 도덕성의 관점에서 다루는 칸트를 비판하고 인간의 자기형성을 이러한 도덕적 관점에서 해방시키는 데 있다고 말할 수 있다.[48]

니체가 칸트를 비판하는 내용을 살피기 전에 먼저 칸트의 실천철학에 대해 간략한 정리를 해보자. 우선 칸트의 자율적 주체는 자신의 경험적 본성을 벗어나 자신의 이성적 본질에 입각해 스스로 행위의 원칙을 세우고 이 원칙에 따라 자율적으로 행위하는 존재라고 말할 수 있다. 이때 자기입법의 토대가 되는 것은 개별적이고 특수한 관점이 아니라 보편적 관점, 즉 모든 이성적 존재에 타당하고 그를 구속하는 도덕법칙이다. 다시 말해 나의 행위의 준칙이 동시에 보편적 입법이 되어야 한다는 순수이성의 명령이다.[49] 칸트의 경우 인간의 자기입법은 오직 정언명법으로 표현된 도덕법칙에 의해서만 이루어진다. 요컨대 칸트의 실천철학이 최종적으로 말하고자 하는

---

45) KSA 11, 128쪽, KSA 11, 446쪽 이하, KSA 10, 361쪽, KSA 9, 557쪽 이하, KSA 3, 187쪽 이하를 참조하라.

46) KSA 6, 177쪽.

47) KSA 6, 177쪽.

48) 니체의 도덕철학에 대해서는 Volker Gerhadt, "Die Moral des Immoralismus", In: G. Abel und J. Salaquarda, *Krisis der Metaphysik*, Berlin/New York 1989, 417~447쪽을 참조하라.

49) Kant, *Kritik der praktischen Vernunft* (=KpV), Akademie-Ausgabe, Bd. V, 421쪽.

것은 다음과 같다. 이성적 존재로서의 인간은 만약 도덕법칙에 대립하여 행위한다면 자기 자신과 모순에 빠지게 된다. 왜냐하면 그는 이성적 존재로서 본래 이미 도덕법칙 아래에 있기 때문이다. 이성적 존재로서의 인간은 예지계 혹은 "목적왕국의 일원"이며 "그 가운데에서 보편적인 입법자이면서 동시에 법칙 자체에 종속되어 있다."[50]

이제 니체는 칸트의 실천철학의 어떤 측면을 어떤 입장에서 비판하고 있는지를 세 가지 측면에서 간략하게 서술하고자 한다.

첫째, 니체는 칸트 도덕철학의 핵심이라 할 수 있는 도덕법칙의 자명성을 비판한다.[51] 니체는 칸트에게서 자기입법의 토대가 되는 도덕법칙을 선험적으로 이성에 주어져 있는 것이 아니라 역사 속에서 형성된 것으로 보고 있다. 모든 도덕에 관한 저술에서 칸트의 노력은 어떤 것의 도움도 받지 않고 도덕법칙을 오직 순수 실천이성으로부터 연역하는 것이다.[52] 그러나 칸트는 스스로 이미 『실천이성비판』에서 도덕법칙을 "순수이성의 사실"[53]로 간주하고 있다. 니체의 입장에서 볼 때 도덕법칙을 순수이성의 사실로 간주하는 것은 독단적 규정으로서 비판의 대상이 되어야만 한다. 그런데 니체가 도덕법칙의 역사성을 강조하고 선험성을 비판하는 이유는 다양한 도덕법칙의 가능성을 주장하려는 데 있다고 할 수 있다.

전통철학의 도덕학문은 "도덕의 논증(*Begründung* der Moral)"[54]을

---

50) Kant, *Grundlegung zur Metaphysik der Sitten*, Akademie-Ausgabe, Bd. VI, 412쪽.

51) KSA 10, 245쪽.

52) Kant, *KpV*, Akademie-Ausgabe, Bd. V, 62쪽 이하.

53) Kant, *KpV*, Akademie-Ausgabe, Bd. V, 31쪽, 47쪽.

54) KSA 5, 105쪽.

추구한다면, 니체의 도덕철학은 도덕 자체의 문제, 즉 인간 삶 속에서 도덕이 갖는 가치의 문제를 다루려 한다. 니체의 경우 "절대적 도덕은 존재하지 않는다."[55] 도덕은 무조건적인 것이 아니다. 도덕 그 자체(Gut an sich)란 존재하지 않는다. 도덕은 유용성의 차원으로 환원되고 조건적인 것으로 규정된다. 이로써 도덕의 절대적 가치는 상대적 가치로 전락하게 된다. 또한 도덕이 조건적인 것이라면 시대와 공간의 조건에 따라 다수의 도덕들이 존재하게 된다.

니체는 도덕의 생성과 변화를 보여주는 '도덕의 자연사'를 다룬다. 우선 니체는 '윤리(Sittlichkeit)'를 "삶을 살게 하고 양육시키는 풍습의 총체에 대한 감각"[56]으로 규정한다. 그리고 "도덕적, 윤리적, 윤리학적이라는 것은 오랫동안 확립되어온 법칙이나 관습에 순종하는 것을 의미한다. (...) 사람들은 오랫동안 유산된 본성에 따라 윤리적인 일을 쉽게 그리고 즐겨 행하는(예를 들면 고대 그리스인의 경우처럼 복수하는 것이 선한 윤리에 속해 있을 때는 복수를 한다) 사람을 '선하다'고 부른다. (...) 악하다는 것은 그것이 얼마나 이성적인 일이든 어리석은 일이든, '윤리적이 아닌 것' (비윤리적인 것), 악습을 행하는 것, 관습에 역행하는 것을 말한다."[57]

이렇듯 풍습의 내용인 법칙과 관습은 각 시대마다 다를 수 있기 때문에 도덕은 시대마다 다를 수 있는 것이다. "선의 위계가 어느 시대에나 확고하고 동일한 것은 결코 아니다. 누군가가 정의보다 차라리 복수를 선택할 경우, 과거의 문화척도로 볼 때 그는 도덕적이고, 현재 문화의 척도에 의하면 비도덕적이다."[58] 또한 도덕은 동일

55) KSA 3, 131쪽.

56) KSA 2, 412쪽.

57) KSA 2, 92쪽.

한 시대의 각 민족마다 다를 수 있다. "우리는 도덕이 등장하는 곳에서 인간의 욕구와 행위의 평가와 위계를 발견한다. 평가와 위계는 언제나 공동체나 집단의 욕구의 표현이다. 공동체에 우선적으로 이로운 것, 두 번째로 그리고 세 번째로 이로운 것, 이것이 또한 모든 개인들의 가치의 최고척도이다. (...) 한 공동체의 보존조건이 다른 공동체의 보존조건과 매우 상이하기 때문에 아주 다양한 도덕이 존재하는 것이다."[59] 도덕은 인간 공동체의 보존과 성장의 조건에 따라 달리 현상하게 되는 것이다.

그런데 시간의 경과하면서 풍습의 영역에서 도덕의 세련화과정이 일어난다. 원래 한 집단의 유익한 경험과 해로운 경험의 축적으로 나타난 풍습의 윤리(Sittlichkeit der Sitte)는 그 특수한 내용적 측면을 잃게 된다. 왜냐하면 구체적인 규범들은 더 이상 변화된 현실에 적용되지 않기 때문이고 개인들의 탈공간화가 일어났기 때문이다. 하지만 풍습의 윤리는 관습에 대한 복종심으로 나타난다. "모든 관습은 근원에서 멀리 떨어져 있을수록, 더 많이 잊혀질수록, 계속 더 존중할 만한 것이 된다. 그리고 관습에 바쳐지는 존중은 세대가 지남에 따라 쌓여, 관습은 마침내 신성한 것이 되며 외경심을 불러일으킨다."[60] 이제 관습은 유익함을 명령하기 때문에 복종의 대상이 되는 것이 아니라 명령하기 때문에 복종의 대상이 된다. 그것은 사람들이 두려워하는 권위를 지니게 된다. 물론 이것은 처벌 때문에 만들어진 감정이다. 이러한 권위와 권위에 대한 두려움에 대해 니체는 다음과 같이 말하고 있다. "그것은 명령하는 고귀한 지성에 대한,

58) KSA 2, 65쪽.

59) KSA 3, 474쪽 이하.

60) KSA 2, 93쪽.

파악되지 않는 무규정적 힘에 대한, 인격적인 것을 넘어서 있는 어떤 것에 대한 두려움이다. 그것은 이러한 두려움 속에서의 *미신*이다."[61]

칸트의 도덕법칙은 니체에 의해 분석된 풍습의 윤리의 역사적 세련화의 결과에 해당되는 것이다. 풍습의 특수하고 지역적인 내용은 사라졌으나 풍습의 윤리가 갖는 형식적 명령의 힘은 권위로서 존재하게 된다. 복종심을 불러일으키는 풍습의 윤리의 힘은 도덕법칙의 힘으로 전환되고, 도덕법칙은 마치 인간의 이성 내의 거부할 수 없는 선험적 사실인 것처럼 존재하게 되는 것이다. 니체가 볼 때 칸트의 도덕법칙이 특수하고 지역적인 내용을 넘어서 보편적인 규범형식으로 등장할지라도, 이때 보편적인 규범형식으로서의 도덕법칙도 실제로는 특정한 관점에서 마련된 것이고 특정한 내용을 지니고 있는 것이다. 니체에 따르면 칸트의 도덕법칙은 기독교의 도덕가치를 배경으로 하여[62] '군중도덕'을 정립하려는 노력의 산물이다. 정언명법으로 표현되는 칸트의 도덕법칙은 소시민적이고 사적인 도덕이라는 것이다. 말하자면 이것은 인간의 자기보존에 가장 적합한 도덕법칙이라는 것이다. 니체의 관점에서 볼 때 칸트의 도덕법칙은 이성에 선험적으로 주어져 있는 것이 아니라 역사적으로 생성된 것으로서 바로 '근대'에 조응하는 도덕감으로 파악되었다.

둘째, 니체는 칸트의 도덕철학이 전제하고 있는 이원론적 세계관을 비판하고 있다. 칸트의 도덕철학은, 자연적 존재로서의 인간은 경험적으로 주어진 현상으로서 자연의 인과성에 종속되어 있고, 이

61) KSA 3, 22쪽.

62) KSA 12, 340쪽.

성적 존재로서의 인간은 자신의 이성을 통해 필연성과 자연인과성을 벗어나 자유를 보장하는 예지적인 영역과 관련해 있다[63]는 전제에서 출발한다. 칸트의 도덕철학은 초감성적인 것에 대한 존경과 관계 속에서 구성되었고 자연세계를 초월할 경우에만 가능한 것이다. 니체가 볼 때 칸트의 도덕철학은 감각적 가상세계와 진정한 존재세계를 구분하고 있는 두-세계론에 기초를 두고 있다.[64]

니체에 의하면 칸트는 도덕법칙을 초월적으로 근거지우기 위해 다른 세계를 고안했다고 한다. 칸트는 "'도덕적 자유'의 자리가 존재하도록 *하기 위해* 초월적 세계를 고안했다."[65] 칸트의 철학에는, 참된 현실은 이 세계와는 전혀 다른 세계라는 신앙과 오직 실천이성의 믿음을 통해서만 그것에 도달될 수 있다는 것이 전제되어 있다는 것이다. 니체에 따르면 칸트의 실천철학의 본질은 도덕적 이상세계의 건설이다. "칸트는 자신의 '도덕의 왕국'의 장소를 열기 위해 증명할 수 없는 세계, 논리적인 '피안'을 설정하지 않을 수 없었다는 것을 알아챘다. 바로 그 때문에 그는 자신의 순수이성비판이 필요했던 것이다! 달리 표현하면 만약 이성에 대하여 도덕의 왕국을 공격하는 일을 불가능하게 하고 게다가 파악하는 일마저도 불가능하게 하는 하나의 일이 그에 있어서 모든 일보다 중요하지 않았다고 한하면, *칸트는 순수이성비판이 필요하지 않았을 것이다.* 그는 정말로 사물의 도덕적인 질서가 이성 측으로부터 공격당할 가능성이 있다는 것을 너무나 강하게 느끼고 있었던 것이다! 왜냐하면 자연과 역사에, 자연과 역사의 철저한 *비도덕성*에 직면하여, 칸트는

63) Kant, *KrV*, B 567.

64) KSA 6, 79쪽, KSA 6, 176쪽을 참조하라.

65) KSA 12, 430쪽.

옛날의 모든 선량한 독일인과 마찬가지로 염세론자였기 때문이다. 도덕과 자연이 역사에 의해 증명되기 때문이 아니라, 자연과 역사에 의해 끊임없이 반박됨에도 불구하고 칸트는 도덕을 믿고 있었다."[66]

니체에 따르면 칸트는 "실재로부터 '가상'을 만들었다." 칸트는 "완전한 *거짓*의 세계"를 "실재"로 만들었던 것이다. "칸트의 성공은 오로지 신학자의 성공일 뿐이다."[67] 왜냐하면 칸트는 도덕의 세계를 구상하기 위해 지식에 대하여 신앙을 우선시했기 때문이다. "독일철학은 비판적인 운동 내지 회의적 운동에 속하는가? 칸트, 아니다. 독일철학은 그 반대운동이다. 본질적으로 신학적 운동이다"라고 니체는 말한다.[68] 니체가 볼 때 칸트철학은 기본적으로 지속적으로 탈기독교적으로 그리고 탈도덕적으로 되어 가는 세계 속에서 초월적·도덕적 세계를 다시 획득하고 확립하려는 세련된 시도에 다름 아니다. 칸트철학은 계속적으로 확장되어 가는 지성의 정직성의 운동을 부인하고 제한하는 철학으로 간주된다. "우리가 숭배할 수 있는 세계, 우리의 경배하는 욕구에 조응하는 세계, 개별과 보편에 의해 지속적으로 *증명되는* 세계, 이것이 기독교적 직관이고 이로부터 우리 모두는 출생했다. / 예리함, 의심, 학문의 성장을 통해 (...) 이러한 해석은 우리에게 더욱더 *허용되지 않게* 되었다. / 섬세한 해결책: 칸트의 비판주의. 지성은 저 의미 속에서 *해석*을 위한 권리와 마찬가지로 해석을 *거부*하기 위한 권리도 부정한다. 사람들은 *더 많은* 신뢰와 신앙을 갖고, 자신의 신앙의 증명에 대한 체념을 갖고, 이해할 수 없는 탁월한 '이상' (신)을 갖고 갈라진 틈을 메우는 데 만족해한

66) KSA 3, 14쪽 이하.

67) KSA 6, 177쪽.

68) KSA 11, 696쪽.

다."[69]

니체에 따르면 칸트는 "자신의 모든 두뇌운동 속에서 기독교 신앙을 위해 지성을 폐위시키고 지식을 참수하는 속셈"[70]을 갖고 있다. 칸트는 "'실천이성'이라는 개념 하에서 지성적 양심의 결핍을 학문으로 만들려고 시도했다."[71] 니체는 칸트의 철학을 "욕구, 즉 도덕적·형이상학적 욕구의 흔적이 남긴 귀결"[72]로 해석한다. 그에게 칸트 철학은 도덕적 이상에의 의지의 결과이다. 니체는 칸트를 다음과 같이 평가하고 있다. "칸트: 열등한 심리학자이며 인간을 잘 모르는 자. 위대한 역사적 가치(프랑스 혁명)에 대해 명백하게 실책을 범하고 있다. 지하적인 기독교적 가치를 갖고 있는 루소식의 도덕광신자. 철두철미한 독단론자. 그러나 이 경향을 답답해하며 권태를 느껴 [독단론]에 대한 압제에 이르기를 원하지만, 회의하는 일에 그는 곧 지쳐버린다. 세계주의적 취향이나 고대적 아름다움의 한 조각 숨결도 그에게는 불어오지 않는다. 그는 *지연시키는 자*이자 *매개하는 자*이며 독창적인 것은 아무 것도 없다."[73]

그에 따르면 칸트는 도덕 형이상학자로서 지성의 비판정신을 불구로 만들고 인간이 절대도덕과 형이상학으로부터 해방될 수 있는 역사적 기회를 지연시킨 장본인이다.

셋째, 니체가 칸트의 실천철학에서 중점을 두고 비판하는 것은 칸트가 입법과 도덕을 통일적으로 사유하면서 자율에 대한 잘못된

69) KSA 12, 147쪽.

70) KSA 9, 325쪽.

71) KSA 6, 178쪽.

72) KSA 12, 582쪽.

73) KSA 12, 340쪽.

관점을 갖고 있다는 점이다. 도덕법칙에 따른 입법은 타율이고 도덕에의 종속일 뿐이다.[74] 니체의 경우 도덕법칙은 인간 주체가 스스로 창조해야만 하는 것이다. 보편법칙으로서의 도덕법칙은 보편적 존재로서의 인간을 요청하기 때문에 구체적 개인을 잃게 할 뿐만 아니라 인간 삶의 다양한 형성에 해로운 것이다. 니체는 다음과 같이 말한다. "도덕주의자 칸트에 대해 한마디 더. 덕은 우리의 고안물이어야만하고, 우리의 가장 개인적인 정당방위이며 필수품이어야 한다. 다른 의미로서의 덕은 어떤 의미에서든 한갓 위험일 뿐이다. 우리의 삶의 조건이 아닌 것은 삶을 해친다. 칸트가 원했던 것처럼 '덕' 개념에 대한 존경심에서만 나온 덕은 해롭다. '덕', '의무', '선 자체', 비개인성과 보편타당성이라는 성격을 갖는 선, 이것은 삶의 몰락과 삶의 최후의 소진과 쾨니히스베르크의 중국주의가 표명하는 환영들이다. 그러나 가장 심층적인 보존법칙과 성장의 법칙들은 그 반대의 것을 제시한다. 각자가 자기의 덕, 자기의 정언명령을 고안한다는 것 말이다. 그러나 어떤 민족이 자신의 의무를 의무 개념 일반과 혼동하게 되면, 그 민족은 몰락하게 된다. 모든 '비개인적인' 의무, 추상이라는 몰로흐 신에게 바치는 모든 희생보다 더 깊게 더 내적으로 파괴적인 것은 없다. 칸트의 정언명령이 삶에 위험한 것으로 느껴지지 않았다니! 오로지 신학자 본능만이 그들 보호했었다니!"[75]

인간의 자기입법과 자기형성에서 니체가 추구하는 인간 유형은 '주권적 개인'으로 명명된 인간 유형이다. 니체에 따르면 '주권적 개인'이 되는 전제는 "도덕"의 본질을 파악하는 것이라고 한다.[76] 이

74) KSA 3, 562쪽 이하를 참조하라.

75) KSA 6, 177쪽.

76) KSA 5, 293쪽을 참조하라.

인간 유형은 "오직 자기 자신과 동일한 개체이며, 풍습의 윤리에서 다시 벗어난 개체이고, 자율적이고 초윤리적인 개체"이다. 니체에 따르면 "'자율적'과 '윤리적'은 서로 배타적"이다. 주권적 개인은 "*약속할 수 있는* 자기 자신의 독립적인 오래된 의지를 지닌 인간이다."[77)]

니체에게 칸트의 자기입법이란 도덕법칙에의 종속이고 사실상 '현실세계'로부터 이상세계로의 도피를 의미한다. 물론 니체도 '단순한 자연세계'에 매몰되는 것을 원하는 것은 아니다. 경험적이고 구체적인 현실을 긍정하고 이 속에서의 자기입법의 가능성을 모색하는 니체는 이것의 토대를 선악을 넘어서는 예술적 자기형성에서 찾는다.

제4장 코페르니쿠스적 전환과 삶의 예술

지금까지 살펴본 바와 같이 니체는 칸트의 코페르니쿠스적 전환을 자신의 사유의 출발점으로 삼는다. 그는 인간의 인식능력에 대한 한계 설정의 관점에서 칸트의 이론철학을 높이 평가하고 칸트의 구성주의와 현상주의를 자신의 방식으로 해석한다. 니체는 이로부터 인간 삶에서 차지하는 예술의 필수성에 대한 생각으로 나아가는데, 이러한 생각 속에서 정립된 인식과 진리의 새로운 원칙은 '힘에의 의지로서의 예술'이다.[78)] 기본적으로 니체는 칸트의 코페르니쿠스적

77) KSA 5, 293쪽.

78) KSA 10, 239쪽을 참조하라.

전환을 더욱더 철저히 사유하려고 한다. 니체는 범주의 선험성에 대한 비판, 사물 자체의 설정에 대한 비판, 그리고 선험적 주체에 대한 비판을 통해 다양한 해석주체의 가능성과 다양한 세계해석의 가능성을 정당화한다. 니체의 경우 예술적 세계해석의 문제는 인간의 자기형성의 문제와도 밀접한 관련이 있는 것이다.

니체는 실천철학의 측면에서도 칸트로부터 많은 영향을 받고 있다. 칸트와 니체는, 근대인은 자기 스스로에게 던져진 존재라는 동일한 인식에서 출발한다고 볼 수 있다. 종교와 전통과의 단절을 경험한 우리에게는 자기 스스로 삶을 형성해야하는 과제가 주어져 있다. 칸트와 니체는, 자율과 자기입법은 인간에게 주어진 과제라는 점을 동일하게 인식했다. 니체는 칸트의 자기입법의 이념을 자신의 철학 속에 받아들여 사유하게 된다. 물론 니체는 칸트의 자기입법의 이념을 근대의 문제와 관련하여 더욱더 철저하게 비판적으로 논의한다.[79] 니체의 경우 인간의 본질적 탁월성은 칸트에서처럼 보편적인, 모두를 구속하는 입법의 능력에 있는 것이 아니라 개인적 자기입법을 통해 자신의 고유한 삶을 형성하고 더 나아가 인간의 고양을 실현하는 예술적 능력에 있는 것이다.

니체에 따르면 인간은 끊임없는 생성 속에 있는 존재로서 언제나 미래를 향해 자신을 고안할 과제를 지니고 있다. 각각의 개인은 자기 자신과 자신의 삶을 "실험"[80]으로 파악해야만 한다. '자유정신'은 인간에 내재하고 있다. 그것은 "자신에게 새롭고 고유한 눈을 만들고 항상 새롭고 보다 고유한 눈을 만들어 내는 것"[81]이다. 니체는

79) KSA 3, 562쪽 이하, 582쪽 이하.

80) KSA 3, 552쪽.

81) KSA 3, 491쪽.

세계와 자신을 바라 볼 수 있는 고유한 관점의 창조를 주장한다. 왜냐하면 인간에겐 확고한 목표가 없기 때문이고 인간은 미리 규정된 자연의 목적이 아니기 때문이다. 말하자면 인간은 끊임없는 변화 속에 존재하기 때문에 예술적 행위를 통해 자신에게 하나의 방향을 설정해야만 한다. 인간은 자신의 삶 속에 삶의 목적을 스스로 설정해야만 한다. "개인은 여기에 서서 자기 자신의 입법을, 자기 보존과 자기 향상, 자기 구원을 위해 스스로의 기교와 간지를 필요로 하게 된다."[82]

니체의 경우 '자기입법'과 '자기형성'은 우선 자기 자신 안의 힘들의 다양성 속에서 하나의 위계질서를 세우는 데 있다. 인간의 '내부 세계'에서 질서를 확립하는 것이 문제인 것이다. 이를 위해서는 '자기'로 파악하는 공동체의 정점에 하나의 지배자를 필요로 한다.[83] 물론 지배자가 있는 곳에 필연적으로 피지배자가 존재하기 마련이다. 따라서 우리의 '자기'는 내적으로 "복종과 지배로 표현되는" 하나의 투쟁인 셈이다. '자기'는 명령하는 자이자 동시에 복종하는 자이다. 하나의 지배체제로 표현되는 '자기'는 항구히 변화하는 상황으로 파악된다. 지배와 피지배의 관계는 영원하지 않기 때문이다. 니체는 '자기' 혹은 '몸' 안에 형성하고 선택하고 창조하는 예술적 힘이 내적으로 존재함을 강조한다.[84] 말하자면 그는 예술적 창조를 통한 '자기형성'이 삶의 근본 현상이며, 삶 자체가 바로 '예술적 근본현상'이라는 것을 강조한다. 이러한 관점에서 '자기입법'과 '자기형성'의 행위는 '삶의 예술(Lebenskunst)'로 이해된다.[85] 진정한 '자기

82) KSA 5, 216쪽.

83) KSA 12, 638쪽.

84) KSA 11, 578쪽.

입법'과 '자기형성'은 예술을 통해 '고귀한' 가치를 창조하는 예술적 인간에서 일어난다. 니체의 경우 이러한 예술적 인간이 바로 '주권적 개인'인 것이다.

85) 니체 철학을 '삶의 예술' 혹은 "실존의 미학"의 관점에서 파악하는 데 대해서는 다음을 참조하라. Wilhelm Schmid, "Das Dasein - ein Kunstwerk. Zum Verhältnis von Kunst und Lebenskunst bei Nietzsche", In: *Deutsche Zeitschrift für Philosophie, Heft 6* (1991), 650~660쪽; Wilhelm Schmid, "Uns Selbst Gestalten, Zur Philosophie der Lebenskunst bei Nietzsche", In: *Nietzsche-Studien 21* (1992), 50~62쪽.

제4부 니체의 도덕비판

제4부는 니체의 도덕비판을 다루고 있다. 니체는 도덕이 서양문화의 전개과정 속에서 인간의 삶을 획일화, 평균화, 평준화하는 방향으로 몰고 갔다고 보고 있다. 따라서 그는 이러한 도덕의 기원을 드러내고 이러한 도덕의 가치를 올바로 평가함으로써 도덕 자체에 대한 비판을 시도하고, 더 나아가 도덕을 대신할 수 있는 대안적 삶의 방식을 고안하고 있다. 제4부의 목적은 니체가 도덕을 비판하는 이유와 그가 제안한 도덕비판의 대안을 살펴보고 그의 도덕비판이 현재 우리에게 어떤 의미가 있는지를 생각해 보는 데 있다.

현재, 도덕을 둘러싼 논쟁은 다음과 같은 도덕철학들 사이에서 활발하게 이루어지고 있다. 행위의 옳음이 그 행위가 어떤 가치를 증가시키는가 아니면 감소시키는가와 관련해서 결정된다고 보는 '공리주의', 칸트에게서 유래하는 것으로서 개인의 인격에 대한 존중과 이로부터 생겨나는 권리에 대한 존중을 핵심으로 하는 '의무주의', 홉스에 뿌리를 두는 것으로서 의무와 책무들을 명령하고 권리를 규정하는 규칙들은 우리가 다른 사람들과 맺은 일종의 계약의 결과라고 보는 '계약이론', 도덕에서 옳은 행위의 규칙, 정의의 규칙, 유용성의 규칙 등이 강조되는 것에 불만을 갖고 도덕의 핵심은 우리가 어떤 규칙을 준수해야 하는지가 아니라 우리가 어떤 종류의 사람이 되어야 하는지의 문제라고 주장하는 '덕의 윤리'가 그것들이다.[1)]

니체는 이러한 논쟁 상황에서 어디에 위치하고 있는 것일까? 니체는 '비도덕주의자' 내지는 '탈도덕주의자'라고 할 수 있다. 니체는 특정한 유형의 도덕을 비판할 뿐만 아니라 더 나아가 도덕 그 자체, 즉 도덕의 존재 자체를 비판하고 있기 때문이다. 니체는 전통적인 도덕철학에 대해 확실한 경계선을 긋는다. 니체에 따르면 기존의 도덕철학은 대부분 "도덕 자체가 이미 '주어져 있는 것'으로 간주"하고 "도덕의 정당화"[2)]를 목적으로 삼고 있다. 말하자면 도덕철학의 과제는 대체로 규범과 의무(Verbindlichkeit)를 설명하고 정당화하는 데 있다. 하지만 니체는 도덕과 관련해 아주 다른 질문을 던지고 있다. 그는 도덕이 삶을 위해 진정으로 가치가 있는지의 질문을 던진다. 니체가 볼 때 기존의 도덕철학의 경우에는 도덕이 가치 있는 것으로 자명하게 인정되기 때문에 도덕의 가치에 대해서는 검토되지 않고 있다는 것이다. 니체는 기존의 도덕철학과 달리 도덕의 가치를 물음으로써, 다시 말해 도덕이 우리의 삶에 유익한지 해로운지를 물음으로써 도덕 자체를 하나의 문제로 만든다. 결국 그는 도덕 자체를 해체하려는 의도를 갖고 있다고 할 수 있다.

도덕과 관련된 니체의 물음들은 아직도 우리에게 현재성을 띠고 있다. 절대도덕은 존재하는가? 도덕은 진정 우리에게 어떤 의미인가? 도덕은 우리의 인간 삶에 유익한 것인가 아니면 해로운 것인가?

---

1) 여러 유형의 도덕철학의 핵심내용을 간략하지만 체계적으로 잘 설명해주고 있는 책으로는 로버트 L. 애링턴, 김성호 옮김, 『서양윤리학사』, 서울: 서광사 2005; 박찬구, 『개념과 주제로 본 우리들의 윤리학』, 서울: 서광사 2006이 있다.

2) KSA 5, 105쪽.

우리는 도덕 자체를 폐기해야만 하는 것인가? 아니면 우리는 기존의 도덕 중 어떤 것을 우리의 도덕으로 삼아야 할 것인가? 아니면 우리는 새로운 미래의 도덕을 만들어야만 하는가? 이러한 물음들은 현재 우리의 물음들이 아닐까? 여기서는 니체가 이러한 질문들에 대해 어떤 대답을 하는지를 살펴보게 될 것이다. 니체의 도덕비판과 그의 대안 모색을 살펴보는 것은 우리에게 많은 생각할 거리를 제공할 것이기 때문에 의의 있는 작업이라 할 수 있다.3)

제4부는 다음과 같이 구성되어 있다. 우선 니체가 구분한 윤리와 도덕 개념을 살펴보고(제1장), 니체가 절대도덕을 어떤 관점에서 비판하는지를 밝힌 다음에(제2장), 니체가 도덕의 가치문제를 묻게 되는 이유를 살펴보고(제3장), 주인도덕과 노예도덕이라는 두 가지 유형의 도덕의 탄생 배경을 알아볼 것이다(제4장). 그리고 이상의 논의를 토대로 해서, 서양의 지배적 도덕, 즉 기독교 도덕이 어떤 가치를 지니고 있는지를 분석할 것이다(제5장). 그러고 나서 니체가

---

3) 니체의 도덕철학의 핵심과 특징을 서술하고 있는 책으로는 Günter Rohmoser, "Nietzsches Kritik der Moral", in: *Nietzsche-Studien 10/11*, Berlin/New York 1981/82, 328~355쪽; Gerhard Schweppenhäuser, *Nietzsches Überwindung der Moral*, Würzburg 1998; Werner Stegmaier, *Nietzsches 'Genealogie der Moral'*, Darmstadt 1994; Michael Steinmann, *Die Ethik Friedrich Nietzsches*, Berlin/New York 2000을 꼽을 수 있다. 한국에서도 니체의 도덕철학과 관련된 많은 논문들이 발표되었는데, 자연의 도덕화 문제를 다룬 정동호, 「자연의 도덕화와 탈자연화」, 『니체연구』 창간호, 한국니체학회 1995, 193~217쪽; 도덕의 비도덕성을 다룬 홍일희, 「니체철학에서 생명의 자연성과 인위성 - 도덕비판을 중심으로」, 『범한철학』 제30집, 범한철학회 2003, 129~152쪽; 도덕의 이분법적 세계해석에 대한 비판 문제를 다룬 임건태, 「니체의 도덕적 세계해석비판」, 『니체연구』 제9집, 한국니체학회 2006, 89~119쪽을 그 예로 들 수 있다. 여기서는 니체의 도덕철학의 핵심이라고 여겨지는 '도덕의 가치문제'와 그의 도덕비판의 현재성을 집중적으로 논의하고 있다는 점에서 앞의 저술들과 차이가 있다.

도덕의 해체 이후 도덕의 대안으로 구상하고 있는 새로운 삶의 방식, 즉 그의 삶의 미학의 윤곽을 살펴볼 것이다(제6장). 끝으로 니체의 도덕비판의 의의에 대해 생각해 볼 것이다(제7장).

제1장 윤리와 도덕

니체의 도덕비판의 핵심주제들을 다루기 전에 우선 니체의 도덕 개념을 살펴보기로 하자. 니체는 윤리(Sittlichkeit) 또는 풍습의 윤리(Sittlichkeit der Sitte)와 도덕(Moral)을 구분한다. 물론 니체가 도덕 문제에 관심을 갖던 처음부터 윤리와 도덕 개념을 명확하게 구분했던 것은 아니다. 그는 예컨대 『인간적인 너무나 인간적인』에서는 "도덕적, 윤리적, 인륜적이라는 것은 오랜 기간에 걸쳐 확립된 규범이나 관습에 복종하는 것을 뜻한다"[4]라고 말함으로써 아직 도덕과 윤리를 동일한 의미로 사용하고 있다. 그러나 도덕에 관한 사유가 본격적으로 진행되면서부터 니체는 점차 윤리와 도덕 개념을 구분해 사용했다. 나중에 살펴보게 되는 바와 같이 니체는 『도덕의 계보』에서는 두 개념을 명확하게 구분해 사용했다. 니체에 따르면, 윤리는 특수한 '풍습(Sitte)' 내지 '관습(Herkommen)'에 대한 복종의 감정에서 비롯되는 의무 의식, 즉 관습적 규범에 대한 의무 의식인 반면에, 도덕은 양심의 결정에서 비롯되는 개인의 책임 의식이다. 이와 같이 니체는 윤리와 도덕을 구분하고 있다.

니체는 우선 "풍습(Sitte)은 **관습적인** 행위방식과 평가방식"이라고

4) KSA 2, 92쪽.

말한다. 그리고 "윤리(Sittlichkeit)란 그것이 어떤 종류의 풍습이든지 간에 풍습에 복종하는 것과 다르지 않다"[5]고 주장한다. 윤리는 풍습이 규제하는 것들 속에서 존재하게 되고 풍습이 삶을 규제하는 일이 적으면 적을수록 윤리의 범위도 작아진다는 것이다. 니체에 따르면 풍습과 관습은 인간의 삶에서 중요한 의미를 갖고 있다. 왜냐하면 풍습과 관습은 한 공동체(민족이나 국가)의 실존을 위한 전제조건이기 때문이다. 그는 다음과 같이 말한다. "사람들로 하여금 윤리적인 것과 비윤리적인 것, 그리고 선과 악의 구별을 가능하게 했던 근본적 대립은 '이기적'인가 '비이기적'인가에 있는 것이 아니라 관습과 규범에 의무감을 갖는가 아니면 이것으로부터 해방되어 있는가에 있다. 이때 관습이 어떻게 **형성**되었는지에 관해서 살펴보면, 어쨌든 관습의 형성은 선과 악, 또는 어떤 내재적 정언명법과는 무관한 것이다. 그 대신에 관습은 무엇보다도 하나의 **공동체**나 민족을 유지시키려는 목적 때문에 존재한다."[6] 풍습과 관습은 하나의 공동체가 존립하는 데 필요한 유익한 것을 함축하고 있는 것이다. 말하자면 이러한 관습적 규범, 즉 윤리적 규범의 이행은 하나의 공동체가 유지되고 성장하는 데 필수조건이다. 물론 풍습의 이러한 유래와 본래의 의미는 서서히 망각된다. 하지만 니체에 따르면 '풍습'과 '관습'에 대한 '두려움' 또는 '의무'는 계속해 존재하게 된다는 것이다. 풍습은 계속해 권위를 누리고 복종을 얻게 된다. 이제 풍습에 복종하게 되는 이유는 풍습이 "우리에게 **유용한 것**을 명령하기 때문이 아니라 그저 **명령**하기 때문"[7]이라고 한다.[8] 이로써 풍습의 윤리가

5) KSA 3, 21쪽 이하.

6) KSA 2, 93쪽.

7) KSA 3, 22쪽.

생겨나게 된다. 요컨대, 윤리는 풍습과 관습에 대한 복종에서 유래하는 의무 의식이다. 따라서 '윤리적인 것'은 오랫동안 확립되어온 관습적 규범을 이행하는 것을 뜻한다. 그 반대로 '비윤리적인 것'은 관습적 규범에 역행하는 것, 다시 말해 악습을 행하는 것을 뜻한다.

니체의 '도덕의 계보'에 따르면, 풍습의 윤리 시대를 뒤따라 도덕의 시대가 열리게 된다.[9] '풍습의 윤리와 사회적 강제'의 오랜 지배는 이제 비로소 양심을 기반으로 하는 '초윤리적인 자율적 개인'을 탄생시켰다. 윤리로부터 해방된 자율적인 개인은 풍습의 윤리와 비교해 볼 때 주관적인 내지 주체적인 책임성(Verantwortlichkeit), 즉 도덕의 수행자가 된다.[10] 니체는 다음과 같이 말한다. "인간은 풍습의 윤리와 사회적 강제라는 의복에 힘입어 실제로 예측할 수 있게 **만들어졌다**. 이제 우리가 거대한 과정의 종점에서 본다면, 즉 나무가 마침내 열매를 무르익게 하고 사회성과 풍습의 윤리가 **목적**을 위한 수단에 불과했다는 것이 마침내 드러나는 지점에서 본다면, 우리는 그 나무에 가장 잘 익은 열매로 **주권적 개인**을 발견하게 될 것이다. 그는 오직 자기 자신과 동일한 개체, 풍습의 윤리에서 다시 벗어난 개체, 자율적이고 초윤리적인 개체 (왜냐하면 '자율적'과 '윤리적'은 서로 배타적이기 때문이다)이다. 간단히 말해 그는 **약속할 수 있는**, 자기 자신의 독립적인 오래된 의지를 지닌 인간이다."[11] 풍습의 윤리

8) '풍습의 윤리'가 니체 도덕철학에서 지닌 중요성에 관해서는 Oswaldo Giacoia, *Von der Kunstmetaphysik zur Genealogie der Moral : Wege und Stege der Kulturphilosophie Nietzsches*, Berlin 1987, 90쪽 이하를 참조하라.

9) 이에 관해서는 Henry Kerger, "Moral", In: *Nietzsche-Handbuch, Leben, Werk, Wirkung*, (Hg.) Henning Ottmann, Stuttgart/Weimar 2000, 284쪽 이하를 참조하라.

10) KSA 5, 293쪽 이하를 참조하라.

는 한편으로 관습적 규범을 이행하도록 하는 강제형식이지만, 그것은 다른 한편으로는 자율적인 양심에 따라 행위하는 인간이 탄생하기 위한, 즉 개인의 주관적인 양심(Gewissen)에 근거하는 도덕이 생성되기 위한 전제조건이 되었던 것이다.

니체가 볼 때 윤리와 도덕은 역사적으로 형성된 것이다. 그리고 윤리는 삶을 위해 일정한 가치를 지니고 있는 것이다. 윤리는 풍습에 복종하는 의무 의식으로서 공동체의 보존과 성장에 기여하기 때문이다. 이것이 바로 윤리의 유용성이다. 하지만 인류의 윤리의 시대는 도덕의 시대로 나아가게 된다. 도덕의 문제와 관련해 중요한 것은, 니체가 도덕을 두 가지의 유형으로, 즉 주인도덕과 노예도덕으로 구분하여 그 특성과 가치를 설명하고 있다는 점이다. 이 문제는 앞으로 제4장에서 살펴보게 될 것이다.

제2장 다양한 도덕들 - 절대도덕의 비판

니체에 따르면, 도덕은 풍습의 윤리가 변화되면서 생겨난 현상이다. 역사적으로 볼 때, 니체는 풍습의 윤리 이후 도덕은 두 가지 방향으로의 발전 가능성이 있었다고 보고 있다. 그 하나의 방향은 소피스트의 현실주의 도덕이고, 다른 하나는 소크라테스와 플라톤의 이상주의적 절대 도덕이다.[12] 니체에 따르면 유럽 문화는 후자의 방

11) KSA 5, 293쪽.

12) 니체의 절대도덕 비판에 관해서는 Margot Fleischer, *Der 'Sinn der Erde' und die Entzauberung des Übermenschen. Eine Auseinandersetzung mit Nietzsche*, Darmstadt 1993, 16쪽 이하를 참조하라.

향으로 나아갔다. 니체는 이러한 이상주의적 절대도덕의 사유 토양이 미리 마련되어 있었기 때문에 절대도덕으로서의 기독교 도덕이, 말하자면 삶에 유해한 노예도덕으로서의 기독교 도덕이 탄생할 수 있었다고 말한다.[13]

니체는 소피스트들이 '지성적 솔직함' 속에서 **도덕**에 대한 최초의 비판과 최초의 성찰을 시작했다고 보고 있다. "소피스트들은 '도덕 그 자체'나 '선 그 자체'는 존재하지 않으며, 이러한 영역에서 '진리'를 말하는 것은 거짓말이라는 첫 번째 진리를 제시"[14]했다. 그리고 소피스트들은 "다수의 도덕적 가치평가들(지역적 제약성)을 병렬하여 제시"[15]했다. 소피스트들은 현실에 기반을 둔 다원주의적 도덕을 창안했다는 것이다.

그 반면에 플라톤은 풍습의 윤리가 힘을 상실함으로써 다양한 도덕들이 생겨나게 되자 절대 도덕을 만들어냈다는 것이다.[16] 니체에 따르면 플라톤은 특정한 폴리스가 아니라 이상적 폴리스를 위한 도덕을 고안하려 했다. 플라톤은 이상적인 폴리스를 위해 절대도덕이 필요했고 이 절대도덕의 고안을 위해서는 이성을 필요로 했다. 플라톤은 '선 그 자체'에 이르는 방법으로 이성의 변증법을 고안했다. 이로써 덕에 관련해서건 개별적인 행위에 관련해서건 이성을 기반으로 하는 논리적 정당화가 도덕을 정당화하는 핵심적인 수단이 되었던 것이다. 오직 이성과 논리만이 도덕 규범의 구속성을 정당화하는 힘을 갖게 되었다. 니체는 다음과 같이 말한다. "그리스의 사

13) KSA 13, 487쪽을 참조하라.

14) KSA 13, 292쪽.

15) KSA 13, 292쪽.

16) KSA 13, 168쪽 이하를 참조하라.

유 전체가 이성에 몸을 던지면서 보여주었던 열광은 특정한 위급상황을 알리고 있다. 사람들은 위험에 처해 있었고, 사람들은 몰락하던지 아니면 **불합리할 정도로 이성적이던지** 중에서 오로지 하나의 선택만을 할 수 있었다. 플라톤 이후 그리스 철학자들의 도덕주의는 병적인 상태에 있다. 변증법에 대한 그들의 평가도 마찬가지였다."[17] 니체가 볼 때 플라톤 도덕의 문제점은 도덕 규범의 절대적 위계질서와 절대 선의 타당성을 확립하기 위해 실행된 도덕의 논리적 정당화에만 있는 것은 아니다. 더욱 문제가 되는 것은, 플라톤의 도덕이 도덕을 논리적으로만 정당화함으로써 구체적·실제적 도덕 현상들을 도외시하는, 현실과 동떨어진 추상적이고 사변적인 도덕이라는 점이다. 플라톤은 형이상학적인 규범만을 제시함으로써 인간의 감성적 본성이나 역사적·사회적 제약성을 간과했다는 것이다.[18] 플라톤의 절대도덕은 그리스 생활세계로부터의 이탈을 의미했다.[19]

니체는 『아침놀』에서 "절대도덕은 존재하지 않는다"[20]고 말한다.

---

17) KSA 6, 72쪽.

18) 니체는 다음과 같이 말한다. "**증명 가능성**이 덕에서 개인적 탁월함의 전제로서 우선시 되었을 때, 이것은 정확히 **그리스적 본능**의 와해를 의미했다. 이 모든 위대한 '덕 있는 자들'과 요설가들은 와해의 전형들일 뿐이다./ 실제로 이것이 의미하는 것은, 도덕 판단이 자신이 생장했던 조건들과 의미를 갖던 조건들로부터, 즉 그리스적이고 그리스적-정치적인 토대로부터 찢겨져 나와서 **승화**라는 외관을 걸치고 **탈자연화**되었다는 점이다. '선', '정의'라는 위대한 개념들은 이것들이 속했던 전제조건들로부터 해방되었고 **자유로워진** '이데아들'로서 변증법의 대상이 되어버렸다"(KSA 13, 288쪽).

19) 니체는 다음과 같이 주장한다. "플라톤. 선을 주장한 대표적 인물. 하지만 그는 폴리스의 본능을, 시합의 본능을, 군사적 유능함의 본능을, 예술과 아름다움의 본능을, 비의의 본능을, 전통과 조국에 대한 믿음의 본능을 없애버렸다. (...) 플라톤은 '고귀한 그리스인'의 모든 전제들을 전적으로 부정했"다는 것이다(KSA 13, 272쪽).

그에 따르면 절대도덕은 본질적으로 "순수 정신과 선 자체에 대한 플라톤의 발명"에 근거를 두고 있다. 그러나 '순수 정신'과 '선 자체'는 그야말로 발명된 가상에 불과한 것이다. 니체는 도덕의 다양성과 상대성의 관점에서 절대 도덕을 비판하고 있다.

니체는 모든 것을 역사적으로 파악하는 태도와 모든 것을 비교하는 태도가 자신의 시대의 특징이라고 보고 있다.[21] 이것은 윤리나 도덕의 경우에도 해당된다. 이러한 역사적 비교의 관점에서 볼 때, 니체는 윤리나 도덕은 각 시대마다 다르고, 또한 동시대일 경우라도 각 공동체마다 다르게 나타났다고 주장한다.

우선, 도덕은 시대에 따라 상대적인 것으로 나타난다. 말하자면 "선의 위계질서가 어느 시대에나 확고하고 동일한 것은 결코 아니다. 누군가가 법의 정의보다 차라리 복수를 선택할 경우, 그는 과거 문화의 척도로 볼 때는 도덕적이고, 현재 문화 척도에 의하면 비도덕적이다."[22] 따라서 어떤 것이 도덕적인지 비도덕적인지, 또는 선인지 악인지의 문제는 초월적인 기준 속에서 구분되는 것이 아니라 단지 정도의 차이에 속하는 문제인 것이다. 그러한 도덕적 판단의 문제는 시대의 관점에 의존하는 것이고 따라서 상대적인 것이다.

그리고 도덕은 동일한 시대일지라도 민족이나 문화에 따라 다른 것이다. 모든 민족은 각각 고유한 도덕을 갖고 있다. 니체는 "상이한 민족들에서 도덕적 평가는 **필연적으로** 다르다"[23]는 것은 진리라고 말한다. 니체에 따르면 민족마다 나타나는 도덕의 상이성은 필연

20) KSA 3, 131쪽.

21) KSA 2, 24쪽 이하를 참조하라.

22) KSA 2, 65쪽.

23) KSA 3, 579쪽.

적인 것이다. 왜냐하면 한 민족은 이웃 민족의 가치평가와 구분됨으로써만, 즉 대립함으로써만 자신의 정체성을 찾고 존속할 수 있기 때문이다.[24] "도덕을 살펴본다면, 우리는 도덕에서 인간의 충동과 행동에 대한 평가와 그 평가의 위계질서를 발견하게 된다. 이러한 평가와 위계질서는 항상 공동체와 집단이 원하는 것을 표현하고 있다. 이 공동체와 집단에 첫 번째로 유익한 것이 - 두 번째와 세 번째도 - 또한 모든 개인들에게도 최상의 가치 척도이다. (...) 하나의 공동체가 보존되기 위한 조건은 다른 공동체의 그것과 매우 상이하기 때문에, 매우 상이한 도덕들이 존재한다."[25] 한 민족이나 공동체의 욕구에 따라, 또한 개인의 욕구에 따라 도덕적 가치평가의 내용과 서열이 다르게 나타나게 된다는 것이다.

니체의 도덕비판은 물론 도덕의 절대적 타당성을 파괴하는 데 관심을 두고 있다. 따라서 다양한 도덕들이 존재한다는 것, 다시 말해 도덕의 다원성과 상대성을 파악하는 것은 니체에게 매우 중요한 일이다. 하지만 이것이 니체의 도덕비판의 핵심에 해당되는 것은 아니다. 니체의 도덕비판의 핵심은 도덕의 가치를 묻는 것에 있기 때문이다.

도덕의 가치를 의문시하고 문제를 제기하려고 할 경우, 도덕의 다원성과 상대성을 제시하는 것만으로는 부족하다. 왜냐하면 도덕의 다원성과 상대성이 곧바로 도덕의 무가치성과 동일한 것은 아니기 때문이다. 도덕의 다원성과 상대성 때문에 도덕을 구속력이 없는 것으로 간주하고 가치가 없다고 보는 것은 잘못된 판단이다. 도덕은

---

24) KSA 3, 409쪽 이하를 참조하라.

25) KSA 3, 474쪽 이하.

제한된 영역에서 타당한 것으로 간주될 수 있고 그 영역에서는 구속력을 발휘할 수도 있기 때문이다. 이와 같이 도덕의 절대성이 허물어졌다고 해서 도덕이 가치가 없다고 말할 수 있는 것은 아니다. 도덕의 가치문제는 다른 관점에서, 즉 삶의 관점에서 논의되어야 할 것이다.

제3장 도덕의 가치문제

니체가 관심을 집중하는 것은 도덕의 가치의 문제이다. 니체는 도덕의 선과 악이라는 가치판단이 어떤 기원을 갖고 있는지, 그리고 이러한 도덕은 삶에 대해 가치를 갖고 있는지의 문제를 다루었다. "인간은 어떤 상황에서 선과 악이라는 가치판단을 생각해냈던 것일까? **그리고 그 가치판단 자체는 어떤 가치를 가지고 있는 것일까?** 그것은 이제까지 인간의 성장을 저지했던 것일까 아니면 촉진했던 것일까? 그것은 삶의 위기, 삶의 빈곤, 삶의 퇴화의 징조인가? 아니면 그 반대로 거기에는 삶의 충만함과 삶의 힘과 삶의 의지가, 삶의 용기와 확신이, 그리고 삶의 미래가 나타나 있는가?"[26] 이러한 도덕의 가치에 대한 비판적 고찰은 도덕이 우리 삶에 어떤 영향을 주었는지, 즉 우리 삶에 유익한 영향을 주었는지, 해로운 영향을 주었는지를 살펴보는 것을 뜻한다. 그는 다음과 같이 묻는다. "우리는 도덕적 가치들을 **비판**하는 것이 필요하다. **이러한 가치들의 가치 자체가 이제 비로소 문제시되어야만 한다**. 이를 위해서는 이러한 가치들

26) KSA 5, 249쪽 이하.

이 성장하고 발전하고 변화해온 조건과 상황에 대한 지식이 필요하다(결과로의, 증후로서의, 가면으로서의, 위선으로서의, 질병으로서의, 오해로서의 도덕. 그리고 또한 원인으로서의, 치료제로서의, 자극제로서의, 억제제로서의, 독으로서의 도덕). 이와 같은 지식은 지금까지 존재한 적도 없었고 요구된 적도 없었다. 사람들은 이러한 '가치들'의 가치를 사실로 주어진 것으로, 확실한 것으로, 의심의 여지가 없는 것으로 받아들였다."[27)]

따라서 도덕의 가치와 기원에 대한 니체의 비판적 고찰은 선은 당연히 가치 있는 것이고 악은 당연히 거부되어야 한다는 고정관념에 대해 의문을 제기한다. 우선, 선과 악을 초월적인 차원에서 서로 절대적으로 대립되는 가치로 간주하는 태도부터 잘못된 것이다. '선 그 자체'란 존재하지 않는다. 그가 볼 때, 선과 악의 근원을 구분하고 서로 완전히 다른 세계로 분리시키는 작업을 하는 사람들은 형이상학자들이다. "형이상학자들의 근본적인 믿음은 가치들의 대립에 관한 믿음이다."[28)] 그리고 선은 이미 주어져있고 선은 가치 있는 것이기 때문에, 선이 무엇인지를 인식한 후 그 선에 따라 행동하는 것이 도덕적이라는 생각은 우둔한 대중들의 생각일 뿐이다. 니체에 따르면, 이제 우리는 다음과 같은 질문을 해야만 한다. 선이 인간의 삶에 해로운 영향을 주었던 것은 아닌지, 차라리 악 속에서 인간의 진정한 미래적 삶을 발견할 수 있는 것은 아닌지, 그리고 더 나아가 도덕 자체가 우리 인간의 삶에 부정적으로 작용하는 것은 아닌지에 대한 질문이 그것이다. 니체에 따르면, "사람들은 지금까지도 '선한

---

27) KSA 5, 253쪽.

28) KSA 5, 16쪽.

사람'을 '악한 사람' 보다 훨씬 더 가치가 있다고 평가하는 일에 조금도 의심하거나 동요하지 않았다. 대체로 **보편적** 인간의 관점에서 볼 때(인간의 미래를 포함하여) 인간을 촉진하고 인간에게 유익함과 번영을 가져온다는 의미에서 '선한 인간'을 훨씬 더 가치가 있다고 평가했다. 그러나 만일 그 반대가 진리라고 한다면? 만일 '선한 사람'에게도 퇴행의 징후가 있다면? 이와 같이 현재를 살리기 위해 **미래를 희생시키는** 어떤 위험, 유혹, 독, 마취제가 있다면? 삶이 아마도 좀더 안락해지고 좀더 안전해지겠지만 좀더 하찮은 양식으로 되고 좀더 저열해지는 것은 아닐까? 그리하여 인간이 가능한 한 **최고로 강력하고 화려한 유형**에 이르지 못하게 될 때, 바로 그것이 도덕의 책임이라면? 그리하여 도덕이야말로 위험 가운데 최고의 위험이라고 한다면?"29)

제4장 도덕의 두 가지 유형

니체는 도덕의 역사를 계보학적으로 고찰했는데, 이를 통해 도덕을 두 가지 유형으로 구분했다. 하나의 유형은 '좋음과 나쁨의 가치평가방식'을 갖고 있는 '주인도덕'이고, 다른 하나의 유형은 '선과 악의 가치평가방식'을 갖고 있는 '노예도덕'이다. 니체는 주인도덕과 노예도덕을 서로 대립되는 도덕 유형으로 간주한다. 이제 도덕의 가치문제와 관련된 니체의 물음은 구체적으로 다음과 같다. 삶의 관점에서 볼 때, 좋음과 나쁨의 귀족적 가치평가 방식, 즉 주인도덕이

---

29) KSA 5, 253쪽.

가치가 있는지, 아니면 선과 악의 노예적 가치평가 방식, 즉 노예도덕이 가치가 있는 것인지의 물음이 그것이다.

니체의 결론을 미리 말한다면, 주인도덕의 가치평가 방식이 삶에 가치 있는 것인 반면에 노예도덕의 가치평가 방식은 삶에 유해하다는 것이다. 따라서 주인도덕에 대한 노예도덕의 역사적 승리는 인간 삶에 좋지 않은 영향을 주었다는 것이다. 말하자면 노예도덕의 변형물인 근대 유럽의 도덕은 삶에 유해하다는 것이다.[30)]

니체는 『도덕의 계보』에서 주인도덕은 어떤 의미를 지니고 있는지, 노예도덕이 주인도덕에 대해서 어떻게 승리할 수 있었는지, 노예도덕의 승리가 인간의 삶에 어떤 부정적인 영향을 미쳤는지를 계보학적으로 살펴보고 있다. 우선, 니체는 인간이 어떤 조건과 상황 속에서 도덕을 만들어냈는지를 살핀다. 물론 이때 도덕의 발생의 역사적 전개과정 그 자체가 중요한 것은 아니다. 중요한 것은 주인도덕과 노예도덕을 만든 자들의 심리적 배경과 그들이 처한 역사적 상황이다. 따라서 니체는 한편으로 '강자'의 심리적 구조, 조건, 수단을, 다른 한편으로 '약자'의 심리적 구조, 조건, 수단을 밝히려고 시도한다. 이로써 강자와 약자 사이에서, 다시 말해 주인도덕과 노예도덕 사이에서 어떤 투쟁이 일어났는지를 보여주려고 한다.[31)]

---

30) 니체가 말하는 근대의 도덕은 유럽에서 일반적으로 인정되는 도덕적 가치관, 말하자면 민주주의 및 사회주의의 정치이념을 포함해 칸트의 의무론, 공리주의 도덕, 쇼펜하우어의 동정의 도덕 등과 같은 당시의 유럽의 도덕적 가치관 전체를 뜻한다. 니체는 이러한 도덕의 뿌리는 기독교 도덕에 있다고 주장한다. 근대의 도덕은 모두가 기독교 도덕의 세속적인 변형물에 불과하다는 것이다.

31) 주인도덕과 노예도덕의 대립적인 관계에 대해서는 정동호 외 지음, 『오늘 우리는 왜 니체를 읽는가』, 서울 : 책세상 2006, 98쪽 이하를 참조하라.

1) 주인도덕

니체는 『도덕의 계보』에서 주인도덕의 '좋음(gut)과 나쁨(schlecht)'과 노예도덕의 '선(gut)과 악(böse)'의 유래와 그 대립적 관계를 다루고 있다. 니체는 도덕의 유래에 관한 문제를 다루면서 두 가지 유형의 인간을 전제한다. 한편에 "고귀한 사람, 강한 사람, 드높은 사람, 높은 뜻을 지닌 사람"의 유형이 있고, 다른 한편에 "저급한 사람, 저급한 뜻을 지니고 있는 사람, 비속한 사람, 천민적인 사람"이 있다는 것이다. 니체가 말하는 고귀한 사람은 정신적으로나 육체적으로 강력한 힘을 지닌 자를 뜻한다. 니체에 따르면, "기사적·귀족적 가치판단이 전제하는 것은 강한 몸, 생기 넘치고 풍요롭고 스스로 억제할 길 없이 넘쳐나는 건강, 그리고 이를 보전하는 데 필요한 조건들, 즉 전쟁, 모험, 사냥, 춤, 결투놀이, 즉 강하고 자유롭고 쾌활한 행동을 함축하고 있는 모든 것이다."[32] 이러한 귀족적인 사람들, 다시 말해 강자들은 스스로에 대해 자부심이 강하고 스스로를 긍정하는 사람들이다. 이들은 스스로를 진실한 자로서 여긴다.[33] 바로 '기사적·귀족적' 가치평가 방식에서 '좋음과 나쁨'의 개념은 전형적으로 나타난다는 것이다. "고귀함과 거리의 파토스, 말하자면 고귀한 지배 종족이 하위의 종족, 즉 '하층민'에게 갖고 있는 지속적이고 지배적인 전체 감정과 근본 감정, 이것이 바로 '좋음'과 '나쁨'이라는 대립의 기원이다."[34] 이와 같이, 좋음은 "저급한 모든 사람들, 저급한 뜻을 지닌 사람들, 비속한 사람들, 천민적인 사람들에 대비해서,

32) KSA 5, 266쪽.

33) KSA 5, 263쪽.

34) KSA 5, 259쪽.

자기 자신과 자신의 행위를 좋은 것으로, 즉 고급으로 느끼고 평가하는 고귀한 사람, 강한 사람, 드높은 사람들, 높은 뜻을 지닌 사람들",[35] 다시 말해 "좋은 사람들"로부터 유래되었다는 것이다.

귀족적인 사람은 자발적으로 스스로 '좋음'의 개념을 고안하고 이것을 기준으로 해서 나중에 추가적으로 '나쁨'을 만든다는 것이다. "어느 언어에서나 신분을 나타내는 의미에서의 '고귀한', '귀족적인'이 기본 개념이고, 이로부터 '정신적으로 고귀한', '귀족적인', '정신적으로 고귀한 기질의', '정신적으로 특권을 지닌'이라는 의미를 지닌 '좋음'이 필연적으로 발전해 나온 것이다. 언제나 저 발전과 평행해 다르게 진행되는 또 하나의 발전이 있는데, 이는 '비속한', '천민의', '저급한'이라는 개념을 결국 '나쁨'이라는 개념으로 이행하게 만든다."[36]

이 주인도덕의 '좋음'과 '나쁨'의 가치평가 방식은 귀족적인 사람들의 양심적 판단에 근거한다. 따라서 그것은 물론 주관적인 형태를 띠고 있다. 하지만 니체에게 중요한 것은 그것이 주관적이냐 보편타당한 것으로 정당화될 수 있느냐의 문제가 아니다. 중요한 것은 귀족적인 사람들이 저급한 것에 대한 **"거리의 파토스"**[37] 속에서 '좋음'의 가치를 창조했다는 데 있다. 그리고 그들의 '좋음'이 인간을 '고귀하게' '탁월하게' 만드는 가치였다는 데 있다. 니체에게 도덕은 인간의 삶을 '고귀하게' '탁월하게' 만드는 도구일 때 가치 있는 것이다. 따라서 '좋음'의 주인도덕은 가치가 있는 것으로 해석되었다.[38]

35) KSA 5, 259쪽.

36) KSA 5, 356쪽.

37) KSA 5, 259쪽.

한편, 귀족적인 인간 유형은 사실상 전쟁과 모험과 격정적인 삶을 살아가는 유형이기 때문에 평화와 안전과 안정을 원하는 사람들에게는 위험한 인간 유형인 것이다. 니체에 따르면 귀족적인 인간 유형은 자신과 동등하지 않은 자들에게는 자신의 힘을 행사하고 폭력을 가하는 일도 서슴지 않았다는 점을 강조한다. 사실상 "풍습, 존경, 관습, 감사를 통해, 더구나 서로 감사함으로써, 동등한 자들 사이의 경쟁심으로 엄격하게 구속된 사람들, 그리고 다른 한편으로는 서로의 태도에서 고려, 자제, 온정, 신뢰, 긍지, 우정이라는 점에서 매우 상상력이 풍부하다고 증명된 사람들, 그런데 이들이 외부로 나가서 낯선 것, 이방의 것과 접하기 시작하는 곳에서는 고삐 풀린 맹수보다 더 나을 것이 없게 된다. 그들은 그곳에서 모든 사회적 구속에서 벗어나 자유를 즐긴다. 그들은 사회의 평화 속에서 오랫동안 감금되어 갇혀있었기 때문에 생긴 긴장을 야생적으로 해소시키는 것을 해가 없는 것으로 간주한다. 그들은 아마 소름끼치는 일련의 살인, 방화, 능욕, 고문을 하고 의기양양하게 정신적 안정을 지닌 채 돌아오는 즐거움에 찬 괴물로서 맹수적 양심의 순진함으로 되돌아간다. 그것은 마치 학생들의 장난을 방불케 하는 것이다. 그들은 시인들이 오랜만에 노래를 불러 찬양할만한 것을 갖게 되었다고 확신

---

38) 앞서 보았듯이, 니체는 삶을 위해 가치가 있는지의 관점에서 도덕을 고찰한다. 다시 말해 도덕을 유용성의 관점에서, 즉 개인적인 차원이나 집단적 차원의 유용성의 관점에서 다루는 것이다. 따라서 언뜻 보기에 니체가 공리주의와 유사한 관점을 취하고 있는 것으로 오해할 수도 있다. 그러나 사실은 그렇지 않다. 니체는 어떤 행위가 이 행위와 관련된 자들의 쾌락을 증가시킬 때 가치 있다고 본 공리주의의 공리성과 다른 의미의 유용성을 생각하고 있기 때문이다(KSA 5, 259쪽을 참조하라). 니체는 인간의 삶을 '고귀하게' '탁월하게' 만드는 도구로서 도덕을 생각하고 있고 이러한 의미에서 도덕의 유용성을 주장하고 있다.

한다. 이러한 모든 고귀한 종족의 근저에 있는 맹수가 부인되어서는 안 된다. 즉 먹잇감과 승리를 갈구하며 방황하는 화려한 **금발의 야수**가 부인되어서는 안 된다. 이러한 숨겨진 근저는 때때로 발산될 필요가 있다."[39] 귀족적인 사람들의 모습에서 보이는 "안전, 육체, 생명, 쾌적함에 대한 그들의 무관심과 경시, 모든 파괴에서, 승리와 잔인함에 탐닉하는 것에서 보이는 그들의 놀란 만한 명랑함과 쾌락의 깊이"는 이로부터 고통 받는 사람들에게는, 즉 '저급한 자들'에게는 "야만인"으로 보였을 것이라고 니체는 말한다.

2) 노예도덕

이제 주인도덕에 이어서 노예도덕이 탄생하게 된다. 니체에 따르면 노예도덕은 주인도덕의 가치를 전도시킴으로써 탄생했다. 니체는 약자의 유형, 즉 노예의 유형의 대표자를 유대인으로 간주한다. 니체는 도덕의 역사에서의 '가치의 전도', 즉 '도덕에서의 노예반란'을 일으킨 주인공이 바로 유대인이라고 주장한다. "성직자 민족인 유대인", 이들은 "자신의 적과 압제자에게 결국 그들의 가치를 철저하게 전도시킴으로써 가장 **정신적인 복수 행위**"[40]를 감행했다는 것이다. 유대인들은 "정연한 논리로 귀족적인 가치등식(좋은 = 고귀한 = 강력한 = 아름다운 = 행복한 = 신의 사랑을 받는)을 전도시키는 것을 감행했"다.[41] 유대인들은 "고귀하고 강력한 자들"을 "영원히 사악한 자, 잔인한 자, 음란한 자, 탐욕스러운 자, 무신론자"이며 "영원히 축복

39) KSA 5, 274쪽 이하.

40) KSA 5, 267쪽.

41) KSA 5, 267쪽.

받지 못할 자, 저주받을 자, 망할 자"로 해석했다. 이로써 '좋음'의 가치와 행위방식은 '악'이 되었다. 그리고 유대인들은 다음과 같은 가치관을 만들어냈다. "비참한 자만이 오직 착한 자이다. 가난한 자, 무력한 자, 비천한 자만이 오직 착한 자이다. 그리고 고통 받는 자, 궁핍한 자, 병든 자, 추한 자가 유일하게 경건한 자이며 신에 귀의한 자이고, 오직 그들에게만 축복이 있다"[42]고 주장했다는 것이다.

니체에 따르면, 이제 귀족적인 '좋음'은 '저급한 자들'에 의해서 "악"으로 전도된다. 그리고 그들은 자신들이 설정한 '악'에 반대되는 것을 '선'으로 해석한다. 니체는 이들의 '선'에 대해 다음과 같이 말한다. "보복하지 않는 무력감은 '선'으로 바뀐다. 불안한 천박함은 '겸허'로 바뀐다. 증오하는 사람들에게 복종하는 것은 '순종'으로 바뀐다. (...) 약자의 비공격성, 약자에게 풍부한 비겁함 자체, 그가 문 앞에서 어쩔 수 없이 기다려야만 하는 것은 여기서는 '인내'라는 미명이 된다. 그리고 그것은 바로 **진정한** 덕으로 불린다. 복수할 수 없는 것이 복수하고자 하지 않는 것으로 불리고 심지어는 용서라고 불리기까지 한다."[43] 니체에 따르면 노예적 유형의 인간들의 '선', 즉 약자들의 '선'은 이들이 원하는 행복한 삶의 형태와 연관성이 있다. 이들에게 "행복이란 본질적으로 마취, 마비, 안정, 평화, '안식일', 정서적 긴장완화, 안도로, 간단히 말하면 **수동적인 형태**로 나타난다."[44]

니체에 따르면 노예도덕인 기독교 도덕은 로마의 지배에 대한 피지배자의 원한(Ressentiment)으로부터 유래한 것이다.[45] 저급한 자들

42) KSA 5, 267쪽.

43) KSA 5, 281쪽.

44) KSA 5, 272쪽.

의, 즉 유대인의 원한으로부터 '가치의 전도'가 일어난다. 원한의 창조적 힘은 귀족도덕을 전도시킴으로써 기독교 도덕을 탄생시켰고 이러한 기독교 도덕의 탄생은 곧 '도덕에서의 노예반란'을 뜻한다. "도덕에서의 노예반란은 **원한**이 스스로 창조적인 것이 되어 가치를 만들게 될 때 시작된다. 이 원한은 실제적인 반응, 즉 행위를 통한 반응을 할 수 없기 때문에 오로지 상상의 복수를 통해 그것을 대신하는 사람들의 원한이다. 고귀한 모든 도덕이 자기 자신을 의기양양하게 긍정하는 것에서 생겨나는 것이라면, 노예도덕은 처음부터 '밖에 있는 것', '다른 것', '자기가 아닌 것'을 부정한다."[46] 원한의 인간은 긍정적으로 능동적으로 작용하는 것이 아니라 외부의 것에 대해 수동적으로 반응한다는 것이다.

니체에 따르면, 기독교 도덕의 기원의 이러한 배경은 기독교의 '사랑' 개념이 지닌 순수성과 진실성에 대해 의심하도록 만든다는 것이다. 니체는 기독교의 '사랑' 속에서 고귀한 자들에 대한 증오와 원한의 감정을 보고 있는 것이다. "복수와 증오의, 즉 유대적 증오의 - 이상을 창조하고 가치를 재창조하는 가장 깊고 숭고한 증오의, 이와 같은 것이 지상에 존재한 적이 없는 그러한 증오의 - 저 나무줄기에서 전혀 비교될 수 없는 것이 자라났던 것이다. 말하자면 **새로운 사랑**이, 가장 깊이 있고 숭고한 종류의 사랑이 자라났던 것이다."[47] 이와 같이 귀족적인 인간들에 대한 증오와 원한으로부터 사

---

45) 니체가 제시한 '원한의 심리학'에 대해서는 Egon Haffner, *Der 'Humanitarismus' und die Versuche seiner Überwindung bei Nietzsche, Scheler und Gehlen*, Würzburg 1988, 42쪽 이하를 참조하라.

46) KSA 5, 270쪽.

47) KSA 5, 268쪽.

랑의 기독교 도덕이 생겨났다. 또한 중요한 점은, 기독교 도덕의 본질, 즉 '사랑'의 도덕의 본질이 약자들의 자기 보존을 유리하게 하는 것에 있다는 사실이다. 니체에 따르면 기독교의 도덕은 약자들의 이기주의를 은폐하고 있는 도덕이다.[48)]

약자, 즉 원한을 가진 자는 복수를 위해 상상의 형상을 만들어 낸다. 고귀한 자를 악한 자로 만든 것이 바로 원한에서 비롯된 상상적인 복수인 셈이다. 니체에 따르면 유대인은 "삶의 상승운동, 제대로 잘됨, 힘, 아름다움, 지상에서의 자기 긍정을 나타내는 모든 것을 부정"했다는 것이다. 그리고 그들은 이러한 것들을 완전하게 부정하기 위해 '저편의 세계', 즉 형이상학의 세계를 고안했고, 이러한 절대적인 세계를 토대로 하여 귀족적인 "**삶의 긍정**을 악으로, 배척되어야 할 것 그 자체로"[49)] 그려냈다는 것이다. 그리고 이렇게 상상 속에서 고안된 '형이상학의 세계', 다시 말해 이러한 '신'을 토대로 하여 기독교 도덕과 그 가치평가방식은 절대성을 획득하게 되었던 것이다. 이러한 노예도덕은 도덕 그 자체가 되었고 유럽의 근대 도덕의 사상적 기초가 되었던 것이다. 니체는 이러한 노예도덕과 그 계승자인 유럽의 근대 도덕이 삶에 어떤 부정적 영향을 주었는지를 다루고 있다.

---

48) KSA 13, 470쪽 이하를 참조하라.

49) KSA 6, 192쪽.

제5장 도덕의 유익함과 해로움

니체에 따르면, 노예도덕인 기독교 도덕이 귀족도덕에 대해서 승리한 이후 유럽의 근대 도덕은 곧 기독교의 도덕을 기반으로 발전했다. 이제 중요한 것은 이러한 도덕이 인간의 삶에 가치 있는 것인지의 문제이다. 니체가 볼 때, 기독교 도덕과 그 세속적 변형물인 유럽의 근대의 도덕적 가치관은 인간에게 해로운 것이다. 유럽의 문화는 도덕 때문에 위험에 놓이게 되었다고 한다. 다시 말해 "모든 것은 눈에 띄게 유대화되고 기독교화되고 천민화되어갔다"[50]는 것이다.

니체에 따르면, 물론 기독교 도덕은 '인간을 가축으로 길들이는 데', 말하자면 인간을 '사회적 인간'으로 만드는 데 많은 기여를 했다. "'인간'이라는 맹수를 온순하고 개화된 동물, 즉 **가축**으로 길들이는 것이 바로 **모든 문화의 의미**라는 생각이 어쨌든 오늘날에는 하나의 '진리'처럼 믿어지고 있다. 만일 이것이 사실이라면, 고귀한 종족과 이들의 이상을 결국 모욕하고 제압한 저 반응과 원한의 본능 전체는 의심의 여지없이 진정한 **문화의 도구**로 간주되어야만 할 것이다."[51] 하지만 근대 문화와 근대인은 기독교 도덕으로 인하여 일종의 '동물과 같은 유형'의 인간이 되었다는 것이다. 니체가 볼 때 문제는 "우리가 인간을 더 이상 두려워하지 않아도 되고 '인간'이라는 벌레가 앞에서 우글거리고 있다는 사실이고, '길들여진 인간', 너무나 평범하고 달갑지 않은 인간이 벌써 자기 자신을 역사의

50) KSA 6, 270쪽.

51) KSA 5, 276쪽.

목표와 정점으로, 역사의 의미로, '보다 높은 인간'으로 여기는 데 익숙해졌다는 사실이다."[52] 특히 "유럽인의 왜소화와 평균화는 **우리의** 최대의 위험을 품고 있기 때문이다."[53] 니체에 따르면, "오늘날 우리는 좀더 위대해지려는 그 어떤 것도 보지 못한다. 우리는 더욱 아래로, 아래로 내려가며, 좀더 빈약한 것, 좀더 선량한 것, 좀더 영리하고 안락한 것, 좀더 평범하고 무관심한 것, 좀더 중국적이고 기독교적인 것으로 되어가는 것을 알 수 있다."[54] 도덕에 의해 길들여진 근대 문화와 근대인은 계속해 하향평준화의 길로 접어들었다는 것이다.

근대의 상황은 예전의 노예적 인간 유형이 스스로 주인이 된 것이 아니라 노예와 노예도덕만이 승리했음을 뜻한다. 다시 말해 노예도덕으로부터 파생되어 생성된 근대의 모든 도덕적·정치적 이념들, 예컨대 공리주의, 의무주의, 민주주의, 사회주의, 동정윤리 등과 같은 이념들은 노예도덕의 핵심이 자기 보존과 안전한 삶을 위해 모든 것을 평균화하고 평준화는 데 있듯이 그 형태와 방법은 다를지라도 결국 자기 보존과 안전한 삶을 최고의 목표로 세우고 이를 실현하기 위한 규범들을 만들어냈다. 니체가 볼 때 근대인은 근대 도덕에 조련되어 쾌적한 자기보존을 위해서라면 인간의 고귀한 가치에 대한 신념마저 내던져 버리는 '최후의 인간'이다. 근대의 '선한 인간'이란 남에게 피해를 주지 않으면서 장기적인 사리사욕의 이해타산을 통해 동물적인 욕망을 계속해서 채워나가는 데 눈치가 빠른 인간인 것이다. 도덕에 의해 조련된 이러한 최후의 인간은 결국 고

52) KSA 5, 277쪽.

53) KSA 5, 278쪽.

54) KSA 5, 278쪽.

귀한 인간으로 존재하는 것 따위에는 어떤 관심도 없고 단지 자신의 행복에만 관심을 둘 뿐이며, 하찮은 욕망을 뛰어넘을 수 없는 자신에 대해서 아무런 수치심도 느끼지 않는 인간인 것이다.[55] 요컨대, 도덕은 인간을 동물적 존재로 만들었고 따라서 도덕은 인간에게 유해한 것이다.

제6장 니체의 대안 - 삶의 미학

니체는 도덕이 인간의 사회성을 길러주는 데, 그의 표현대로 하면 "인간을 가축으로 길들이는 데" 기여를 한 점에 대해서는 인정을 한다. 그러나 도덕이 다른 한편으로 문화의 획일화와 전체화, 그리고 인간의 평균화와 왜소화를 야기했음을 인식해야 한다는 것이다. 삶을 기준으로 해서 도덕의 가치를 평가하는 니체의 판단에 따르면, 이제 도덕은 그 유익함보다는 해로움이 더 강하게 나타난다. 따라서 니체는 이제 '선과 악'의 도덕을 넘어서 사유하고 행동할 것을 요청한다. 이제 다른 유형의 가치평가 방식이 필요하다는 것이다. 니체는 '미적 판단'[56]의 의미를 강조한다.[57] 니체는 "도덕을 미학으

---

55) 근대의 문화와 근대적 인간의 삶에 대한 니체의 비판에 관해서는 프랜시스 후쿠야마, 이상훈 옮김, 『역사의 종말』, 서울: 한마음사 1992, 440쪽 이하를 참조하라.

56) "(취미, 불쾌, 혐오 등의) 미적인 판단은 덕의 목록의 근거를 이루는 것이다. 미적 판단은 이제 다시 도덕적 판단의 근거가 된다"(KSA 9, 471).

57) 도덕을 대체하는 예술의 의미에 관해서는 Volker Gerhardt, "Von der ästhetischen Metaphysik zur Physiologie der Kunst", in: *Nietzsche-Studien 13*, Berlin/New York 1984, 374~393쪽, 특히 391쪽을 참조하라. 니체철학에서 차지

로 환원"[58]하는 것을 시도하고 있다.

도덕의 가치판단은 선과 악이라는 절대적인 기준에 따라 이루어지고 이로부터 구속적인 규범이 도출된다. 니체는 도덕의 선과 악 개념이 이미 주어진 초월적인 가치가 아니라는 것을 밝혔다. 그는 이러한 도덕의 배후에 있는 권력 관계를 폭로했고 이러한 도덕이 어떤 가치를 가지고 있는지, 그리고 왜 문제가 되는지를 밝혔다. 물론 니체는 도덕의 비판자, 더 나아가 도덕의 파괴자로 간주될 수 있을 것이다. 하지만 그렇다고 해서 그가 가치판단의 문제를 도외시한 것은 아니다. 그는 도덕의 계보학을 통해 도덕으로부터 해방된 자유로운 개인의 탄생을 준비하는 데에만 관심을 두었던 것은 아니다. 이와 동시에, 그는 도덕으로부터 해방된 자유로운 주체의 자기형성과 가치판단의 문제를 숙고했다. 이러한 과제는 이제 새로운 삶의 방식으로서의 삶의 미학의 몫이 되는 셈이다. 삶의 미학은 기존의 도덕의 자리를 대신하게 된다.

삶의 미학은 '예술적인 자기 형성'의 문제로서 도덕적 실존에 대한 반대고안이라고 할 수 있다.[59] 삶의 미학에서 중요한 것은 도덕

하는 예술의 중요성에 관해서는 Reinhart Maurer, "Nietzsche und das Experimentelle", in: *Zur Aktualität Nietzsches*, (Hg.) Mihailo Djuric und Josef Simon, Würzburg 1984, 7~28쪽; Walter Schulz, "Funktion und Ort der Kunst in Nietzsches Philosophie", in: *Nietzsche- Studien 12,* Berlin/New York 1983, 1~31쪽을 참조하라.

58) KSA 9, 471쪽.

59) 니체의 '삶의 미학'이나 '미적인 삶의 형식'에 관해 다룬 저술로는 Wilhelm Schmid, "Das Dasein-ein Kunstwerk. Zum Verhältnis von Kunst und Lebenskunst bei Nietzsche", in: *Deutsche Zeitschrift für Philosophie*, Heft 6, 1991, 650~660쪽; Wilhelm Schmid, "Uns Selbst Gestalten. Zur Philosophie der Lebenskunst bei Nietzsche", in: *Nietzsche-Studien 21*, Berlin/New York 1992,

에서처럼 선과 악의 규범, 의무의 준수나 양심의 가책 등이 아니라 가치창조를 포함한 실험적 태도, 지성적 솔직성, 자기 인식, 자기 비판, 자기 극복, 책임의 실천 등이다. 그리고 또한 중요한 것은 '새로운 가치', 즉 어떤 미적 가치와 미적 가치판단을 창조하는 일이다. 니체는 다음과 같이 말한다. "우리는 절대적 진리를 **거부**하는 즉시 모든 **절대적 요구**를 포기해야 하고 **미적 판단**에 머물러야 한다. 이것이 **미적으로 동등한 권리를 갖는 가치평가들**을 다양하게 만들어 내는 것, **이것이 과제이다**. 각각의 가치평가는 각각의 개인에게 최종의 사실이고 사물의 척도가 된다."[60] 우리는 스스로 도덕적 가치평가 방식을 넘어 미적인 가치평가 방식을 창조해야 하고, 세계 속의 가치평가방식들의 다원성 속에서 자신만의 '가치의 위계질서'를 정립해야만 한다는 것이다. 그리고 그것은 인간을 고귀하게 만드는 가치이어야만 할 것이다.

니체는 이러한 새로운 미적 가치를 매개로 하여 자신의 삶을, '자기'를 하나의 예술작품처럼 만들어 갈 것을 요청했다. 니체의 삶의 미학의 중심에는 자기(주체)가 있다.[61] 인간에게는 고유한 자기성이란 없는 것이고 자기성은 창조의 대상인 것이다. "우리가 이런 저런 것을 없애고 망각한 이후에는 우리의 진정한 자아를 찾게 될 것이라는 생각은 일종의 신화이다. 그렇게 우리는 우리를 무한성으로까지 거슬러 올라가게 한다. 그러나 그것이 아니라 **우리를 스스로**

50~62쪽; Rudolf Reuber, *Ästhetische Lebensformen bei Nietzsche*, München 1989을 참조하라.

60) KSA 9, 471쪽.

61) 이에 관해서는 김정현, 「니체에 있어서의 주체·자아와 자기의 문제-도덕적·미학적 자아관」, 『철학』 제44집, 한국철학회 1995, 163~185쪽을 참조하라.

만드는 것, 모든 요소들로부터 하나의 형태를 **형성하는 것**, 이것이 과제이다! 항상 한 조각가의 과제! 생산적인 인간의 과제! 우리는 인식을 통해서가 아니라 훈련과 모범을 통해 우리 **자신**이 된다! 인식은 최상의 경우 수단의 가치를 지닐 뿐이다!"[62] 우리의 자기(주체)는 이미 주어져 있는 어떤 것이 아니라 형성되어야만 하는 것이다. 주체는 무한한 다양성과 다원성을 경험하고 새로운 것을 창조하는 실험을 통해서 스스로를 변화시킨다. 삶의 미학의 핵심은 이러한 다양성과 다원성의 세계 속에서 가치 창조의 실험을 통해 자신을 하나의 예술작품으로 만드는 데 있다. 인간의 실존은 도덕의 범주에 속하는 것이 아니라 예술적 행위의 형태에 속한다. 시도와 실험은 '선과 악을 넘어서' 존재하는 인간 삶의 기본 요소이다. 이때 자기 자신을 변형시키는 시도와 실험의 능력이 중요하다.

니체는 존재론적인 차원에서 인간의 자기 형성의 문제에 하나의 방향성을 제시했다. 삶의 미학에 가장 기초적인 방향성을 제시하는 사유는 바로 '영원회귀'라는 사유이다.[63] 이것은 나는 언제든 지금의 삶과 동일한 삶을 선택할 것이고 따라서 나는 지금의 이러한 삶을 반복해서 살 것이라고 확신하면서 삶을 살아가는 것을 의미한다.[64] "우리는 예술작품을 계속 반복해서 체험하고 싶어 한다! 우리는 자신의 개별적인 부분들에서 이와 동일한 희망을 할 수 있도록 그렇게 삶을 구성해야 한다! 이것이 주요사상이다!"[65] 결국 삶의 미학은 미적 가치의 창조와 실험을 바탕으로 하는 자기 형성의 과정

62) KSA 9, 361쪽.

63) KSA 9, 494쪽 이하를 참조하라.

64) KSA 9, 496쪽을 참조하라.

65) KSA 9, 505쪽.

속에서 매 순간마다 자신의 삶을 긍정하며 살아가는 삶의 예술을 의미한다. 그리고 한 인간의 삶이 성공적인 예술작품이 될 때 이 삶은 영원성을 지니게 되는 것이다.

제7장 니체의 도덕비판의 현재적 의미

니체의 도덕 비판은 현재에도 우리에게 많은 생각할 거리를 던져주고 있다. 앞서 보았듯이, 우리는 니체를 통해 다음과 같은 의문을 품게 된다. 절대도덕은 존재하는가? 도덕은 진정 우리에게 어떤 의미인가? 도덕은 우리의 인간 삶에 유익한 것인가 아니면 해로운 것인가? 우리는 도덕 그 자체를 폐기해야만 하는 것인가? 아니면 우리는 기존의 도덕 중 어떤 것을 우리의 도덕으로 삼아야 할 것인가? 아니면 우리는 새로운 미래의 도덕을 만들어야만 하는가? 이러한 물음들은 현재 우리들에도 중요한 물음들이기 때문이다.

물론 이미 도덕이 절대적인 것이냐 상대적인 것이냐의 물음은 진부한 것이 되었다. 왜냐하면 우리는 현재 각각의 도덕이 저마다의 타당성을 주장하는 '도덕들의 세계' 내지 '가치들의 세계' 속에서 살고 있기 때문이다. 결국 현실적으로 볼 때, 서로 다른 욕구와 가치들이 존재하고 그것들 사이에 갈등이 일어날 경우 그러한 갈등을 해결할 수 있는 하나의 절대적인 가치판단의 척도를 찾기 힘들게 되었다.

그렇다면 도덕은 우리에게 어떤 가치를 지니고 있는가? 도덕은 유익한 것인가 해로운 것인가? 니체가 말했듯이, 선과 악의 도덕은 그동안 인간의 사회성을 함양시키는 데 많은 기여를 했다. 즉 도덕은 타자에 대한 이해와 배려, 그리고 자신의 의무와 책임에 관한 감각을 키워 인간을 사회적 존재로 만들었다. 하지만 니체는 그 이면을 보아야만 한다고 주장한다. 니체는 도덕이 삶을 다르게 살아가려는 시도나 실험, 창조적인 예술적인 삶, 다원적이고 다각적인 시야, 차이의 상상력 등을 억압하고 거세한 것은 아닌지의 문제를 제기하고 있다. 말하자면 선악의 도덕이 인간의 삶에 적합한 가치판단의 방식인지의 물음이다. 니체는 선악을 넘어서 사유하고 행동할 것을 주문했다. "선과 악은 단지 해석일 뿐이다. 선과 악은 결코 사실로 존재하는 것이 아니고 그 자체로 존재하는 것도 아니다. 우리는 이러한 종류의 해석의 근원을 파헤칠 수 있어야 한다. 사람들은 도덕적으로 해석해야 한다는 친숙한 강제로부터 서서히 벗어나는 시도를 할 수 있을 것이다"[66]라고 니체는 말한다.

니체는 도덕을 넘어서 사유하고 행동할 것을 권했다. 그렇다면 니체는 왜 주인도덕에 대해서 말했을까? 니체는 역사 속의 '주인도덕'을 현재에 다시 복권시켜 재현해야 한다는 것을 주장했던 것은 아니다. 하지만 니체가 주인도덕을 제시했던 주요 목적은 노예도덕의 후예인 근대의 도덕과 대립되는 유형의 도덕을 보여주고 그 상대성을 밝히려는 데 있었다고 판단된다. 니체는 우리가 안전한 자기보존과 물질적인 자기만족의 욕망에 대립해 보다 고귀한 인간의 실존을 추구했던 주인도덕의 가치평가방식에 관심을 가져야한다고 생각했던 것이다.

이상에서 보듯이, 니체의 도덕비판은 도덕의 정당화나 타당성 문

66) KSA 9, 131쪽 이하.

제가 아니라 도덕의 가치의 문제에 대해 숙고할 것을 우리에게 요구한다. 도덕은 우리의 현재의 '탈근대적' 삶에 적합한 가치평가방식일까? 도덕이 우리의 '탈근대적' 생활세계의 모든 곳에서 평준화, 균질화, 획일화, 전체화를 조장하고 있는 것은 아닌가? '탈근대적' 생활세계 속에서 사는 우리는 다원적이고 관점주의적인 시각을 지니면서 차이를 존중하고 이를 조정하고 종합해나가는 삶의 태도를 취해야만 하는 것은 아닐까? 따라서 기존의 도덕적 가치판단방식과는 다른 새로운 가치판단의 형식이 필요한 것은 아닐까?

니체는 도덕을 해체하고 새로운 삶의 방식을 제안했다. 니체는 도덕을 삶의 미학으로 대체하려는 시도를 했다. 그는 우리가 미적 가치를 창조함으로써 도덕적인 인간과는 다른 형태의 '자기'를 형성시키고 우리의 삶을 하나의 예술작품으로 만들어야 한다고 주장했다. 하지만 그는 이에 관해 체계적으로나 구체적으로 논의하지는 않았다. 따라서 도덕을 삶의 미학으로 대체하는 시도는 우리가 계속해 진행시켜야 하는 '탈근대' 시대의 중요한 철학 작업이 아닐까? 니체의 도덕비판은 현재진행형의 철학 과제를 제시하고 있는 셈이다.

제5부 니체의 탈역사와 탈근대

제5부는 니체의 시대진단과 미래전망에 대해서 살펴보고자 한다. 철학자이자 사회학자인 겔렌은 1950년대부터 '탈역사(Posthistoire)'를 주장했다. 이 주장의 핵심은 역사적 변화의 가능성은 모두 실험되었고 이제 더 이상 새로운 것을 기대할 수 없다는 데 있다. 따라서 '새로운 가능성으로서의' 역사는 끝났고 우리는 '역사 이후'의 시대에 살고 있다는 것이다. 이 입장에 따르면 과학과 기술과 산업자본주의의 연합에서 비롯된 '슈퍼구조'가 세계의 모든 사회를 지배하고, 과학기술 발전과 경제 성장만이 유일한 정치적 목표가 되었다는 것이다. 결국 정치의 근본적인 과제는 '경제성장을 통한 인간 대중의 부양'에 있다. 새로운 정치적 이념의 탄생이나 문화적 혁신은 가능하지 않다. 이러한 슈퍼구조와 문화적 결정체(Kristallisation)의 상황 속에서는 국가만이 아니라 개인도 무력한 것이다. 이 상황에서는 새로운 구상이나 가치 또는 철학이 전혀 필요 없으며 새로운 시도가 존재한다고 해도 실제로 관심을 불러일으키지 못한다. 사회의 여러 문제들은 경제성장과 과학기술의 발전의 문제와 이를 통한 물질적 욕망 충족(겔렌의 표현으로 하면 단순한 '생물학')의 문제로 환원되며, 이러한 사회에 저항하려는 모든 기획이나 새로운 정치 이념에

대한 전망은 환상과 망상에 불과하기 때문이다. 이와 같이 대안적 행위방식은 존재하지 않는다. 사회를 움직여가는 힘은 오직 과학기술과 산업자본의 연합시스템이고 정신적인 문화적인 힘은 표피적인 현상에 불과하다는 것이다.

후쿠야마는 최근에 소련을 비롯한 사회주의권의 몰락 이후 다시 '역사의 종말'을 주장했다. 우리가 현재 탈역사의 상황에서 살고 있다는 겔렌의 주장과 마찬가지로, 후쿠야마도 역사는 이제 자신의 목적을 달성했고 그렇기 때문에 역사는 종결되었다고 주장했다. 물론 역사의 종말이 역사적 사건의 종말이나 새로운 과학기술의 발명의 종말 같은 것을 뜻하는 것은 아니다. 미래에 전쟁이 발발할 수도 있고 마약 같은 사회적 문제나 범죄 같은 도덕적 문제도 존재할 것이다. 후쿠야마가 말하는 역사의 종말의 핵심은 자유민주주의와 자유시장경제가 세계의 모든 국가의 정치적·경제적 시스템으로 자리 잡을 것이고, 이를 대체할 어떤 제3의 대안적 이념이 없다는 데 있다. 이로써 바로 '진화의 과정으로서의 역사'는 끝났고 우리는 '탈역사'의 시대, 즉 '역사 이후'의 시대 속에서 살게 되었다는 것이다.

이러한 탈역사 담론에 대해 '탈근대(Postmoderne)' 담론[1]은 비판적 입장을 취하고 있다. 탈역사의 입장은 현재의 역사적 상황에서는 새로운 혁신이란 더 이상 존재하지 않고 모든 차이도 본질적으로는 가상에 불과하다고 간주하면서 우리는 '전체 역사'가 종결된 지점에 처해 있다고 주장하는 반면에, 탈근대의 입장은 우리의 시대를 근대

---

1) 탈근대(포스트모던)의 개념, 핵심적 주장, 여러 다양한 입장들에 관해서 많은 유익한 정보를 담고 있는 저술로서는 볼프강 벨쉬 지음, 박민수 옮김, 『우리의 포스트모던적 모던 I』, 책세상: 서울 2001; 볼프강 벨쉬 지음, 박민수 옮김, 『우리의 포스트모던적 모던 II』, 책세상: 서울 2001을 들 수 있다.

의 획일화와 평균화의 경향에서 벗어나 다원적인 의미와 행위 유형을 대변하는 다원주의의 시대로 규정한다. 말하자면 탈근대는 우리의 시대를 '근대성이 완전하게 실현된' 탈역사의 시대(근대의 종점)가 아니라 다원주의적 탈근대 시대로 보고 있다. 발전과 새로움이란 더 이상 존재할 수 없다는 탈역사의 입장과 미래의 발전과 새로운 가능성을 믿는 탈근대의 입장은 서로 대립되며 결코 화합될 수 없다. 두 입장의 시대진단은 너무도 다른 성격을 나타난다. 최근의 후쿠야마의 탈역사적 시대진단은 매우 낙관적인데, 그렇다고 할지라도 탈역사 담론은 대체적으로 소극적이고 냉소적이며 전반적으로 암울한 반면에, 탈근대는 다원화 과정으로서의 미래에 대해 매우 낙관적인 태도를 갖고 있다.

이러한 탈역사의 상황으로부터 다원주의 시대로의 전환을 앞당기기 위해 탈역사적 시대현상을 가장 적극적으로 비판했던 철학자는 아마 니체일 것이다. 니체는 자신의 시대가 사회적·문화적 획일화의 현상이 두드러진 탈역사의 상황(역사의 '정체상황')에서 다원주의적 탈근대로 넘어가는 이행시기에 있다고 보았고 이러한 전환의 당위성과 필연성을 평생 동안 주장했던 것이다. 니체는 이러한 다원주의의 특성을 허무주의 담론 속에서 파악했지만, 다원주의 시대를 긍정적으로 해석하는 동시에 바로 이 다원주의 속에서 미래의 새로운 삶의 모습을 고안하려고 했다.

니체는 탈근대 담론의 핵심이 되는 근본적 다원주의에 대해 진지하게 성찰한 최초의 철학자라고 말해도 과언이 아니다. 니체의 탈근대 담론은 미래 지향적인 성격을 분명하게 보여주고 있다. 니체의 탈근대 담론은 탈역사의 미래처럼 모든 차이가 폐기되고 무차별성의 국면으로 들어서는 시대가 아니라 다양성이 증대하고 다양한 것 사이의 상호작용이 새롭게 형성되는 시대를 그려내고 있다. 그리고 니체는 이러한 다원주의 시대에 조응하는 새로운 삶의 방식을 고안하려고 시도했다.

제5부의 목표는 니체가 우리의 시대를 어떻게 진단하고 있고 우리의 미래를 어떻게 전망하고 있는지를 살펴보는 데 있다. 따라서 니체가 왜 탈역사를 비판하는지, 왜 탈근대를 주장하는지를 중심으로 서술할 것이고 니체의 탈역사 비판과 탈근대 담론이 지닌 현재적 의미에 대해서도 생각해 볼 것이다. 이를 위해 제5부는 다음과 같이 구성되어 있다. 우선 19세기와 20세기에 등장했던 '세 가지 형태의 탈역사 담론'을 살펴보고(제1장), 니체의 관점에서 '탈역사의 상황이 생긴 원인과 그 과정'을 알아보고(제2장), '탈역사, 다원주의, 그리고 허무주의 사이의 관계'에 관해 고찰할 것이다(제3장). 그러고 나서 니체가 '탈근대 관점에서 탈역사를 비판하는 기본 내용'(제4장)을, 니체가 제안한 '탈근대의 새로운 삶의 방식'을 살펴본 후(제5장), 끝으로 니체의 '탈근대 담론의 현재성과 그 한계'를 간략하게 논의할 것이다(제6장).

제1장 탈역사 담론의 입장들

탈역사 담론은 역사가 종말에 이르렀고 우리는 역사 이후의 상황, 다시 말해 탈역사의 상황에 처해 있다고 주장한다.[2] 이러한 탈역사 담론은 크게 세 가지 형태로 구분될 수 있다. 첫째, 시대의 탈역사 상황을 긍정적으로 받아들이는 '낙관적 탈역사 담론'(쿠르노, 헤겔, 코제브, 후쿠야마), 둘째, 탈역사 상황에 대해 비판적인 거리를 취하지만 이를 불가피하게 받아들일 수밖에 없다고 보는 '염세적 탈역사 담론'(겔렌), 셋째, 탈역사의 상황을 적극적으로 비판하고 이를 극복하려는 '부정적 탈역사 담론'(니체)으로 구분될 수 있다.

첫째, 낙관적 탈역사 담론을 대변하는 대표자로서는 쿠르노, 헤겔, 코제브, 후쿠야마를 들 수 있다. 프랑스의 수학자이자 경제학자인 쿠르노(Antonie Cournot)는 대체로 탈역사의 담론을 만든 대표적인 사람으로 간주된다.[3] 니체의 동시대인인 쿠르노는 자신의 저술 속에 '탈역사'라는 개념을 사용하지는 않았으나 탈역사의 이념을 명확하게 그려냈다. 이때 탈역사란 카오스적 역사가 끝나고 평화와 번영의 '역사 이후'에 도달한 상황을 뜻한다. 쿠르노는 계획하는 이성이 구현하는 유토피아적인 사회적·경제적 문명을 전망하고 있다. 다시 말해 스스로 작동하고 조정하는 사회기술시스템과 이를 기반으로 하는 균질한 세계 사회를 전망하고 있다. 쿠르노는 정치·경제·행정

---

2) '역사의 종말' 또는 '탈역사'를 다루고 있는 대표적인 저술로는 Lutz Niethammer, *Posthistoire, Ist die Geschichte zu Ende?*, Reinbek bei Hamburg 1989; Thomas Jung, *Vom Ende der Geschichte: Rekonstruktion der Posthistoire in kritischer Absicht*, Münster 1989를 들 수 있다.

3) Lutz Niethammer, 앞의 책, 25쪽 이하를 참조하라.

의 통일적 사회시스템으로서의 기술관료 시스템이 정치적·사회적 갈등을 해소하고 사회의 지속적인 안정을 이룩하게 될 것이라고 생각했다. 그리고 쿠르노는 이러한 사회기술시스템을 기반으로 하는 균질한 세계 사회의 자기통제적인 상황은 이전의 역사적·사회적 차이들의 종결 상황이며 투쟁적인 과거 역사에 나타난 전쟁과 혁명의 종결 상황을 뜻한다고 생각했다. 그의 기술관료주의적인 최종국가의 유토피아는 낙관적 탈역사 담론의 핵심을 말해주고 있다.

코제브는 헤겔의 역사철학을 형이상학적 측면이 아니라 인간학적·사회철학적 측면에서 해석하면서 탈역사 담론을 만들어냈다. 서양에서 역사의 종말에 관한 이념은 유대교·기독교적인 종말론의 전통에서 등장했지만, 역사의 종말의 문제를 세속적인 차원에서 가장 분명하게 다루었던 것은 헤겔의 역사철학이다.[4] 헤겔의 경우 형이상학적 측면에서 보면, 세계사는 절대정신의 자기 전개이고 세계사는 유한한 자기의식과 절대적 자기의식과의 투쟁이 종식됨으로써 종결된다.[5] 그리고 사회철학적 측면에서 보면, 세계사는 자유의 의식에서의 진보이고 이러한 진보는 필연적인 것이다.[6] 이러한 역사의 최

---

4) 계몽주의의 기획은 시민사회의 현실화를 통한 투쟁적 역사성의 극복을 추구하고 있는데, 사실상 이러한 기획은 '낙관적 탈역사'의 사유를 담고 있다. 칸트는 계몽의 기획을 표현한 『세계시민적 관점에서 본 보편사의 이념』에서 역사는 하나의 국가연맹의 단계에 도달할 것으로 예견했다. 이와 같이 칸트는 안정과 안전에 대한 보편적인 시민적 열망에서 모든 전쟁들이 종식되는 보편적인 세계시민적 상황을 그려본다. 투쟁적인 역사성은 원래부터 과도기적인 것으로 이해되었고 화해될 수 있는 것으로 간주되었다.

5) Hegel, G.F.W. *Geschichte der Philosophie*, in: *Werke*, (Hg.) v. Moldenhauer, E und Michel, K., Frankfurt/M, Bd 3, 460쪽을 참조하라.

6) Hegel, G.F.W, *Vorlesung über die Philosophie der Geschichte*, in: *Werke*, (Hg.) v. Moldenhauer, E und Michel, K., Frankfurt/M, Bd 12, 32쪽을 참조하라.

종 목적의 실현을 위해 모든 희생이 생겨나고 우리는 이를 감수해야만 하는 것으로 생각했다. 코제브는 헤겔의 『정신현상학』에서 주인과 노예의 변증법에 관심을 두었고 역사를 '인정'을 둘러싼 주인과 노예의 투쟁사로 해석했다. 코제브에 따르면 이제 주인과 노예의 종합이 현실이 되었기 때문에 역사는 종말에 이르게 되었다는 것이다. 다시 말해 코제브는 개인의 보편적 자유와 인권을 보장하고 국민의 동의에 따라 지배하는 법치주의를 토대로 한 자유민주주의 국가의 이념과, 이러한 보편적이고 균질한 국가의 시민이 현실로 존재하게 될 때 인류의 역사는 그 종점에 도달한다고 주장했다.[7] 따라서 코제브는 나폴레옹의 예나 전투와 헤겔의 『정신현상학』의 탈고와 함께 인간의 역사적·정신적 발전은 종점에 도달했다고 본 것이다.

20세기 말, 후쿠야마는 공산주의 진영의 몰락 이후 『역사의 종말』[8] 이라는 책을 지어 다시 한번 탈역사 담론에 주의를 환기시켰다. 후쿠야마는 헤겔, 코제브의 입장을 이어 받아 낙관적 탈역사 담론을 체계적으로 구성했다. 후쿠야마에 따르면 근대의 자유민주주의와 자유시장경제의 정치적·경제적 이념을 대신할 새로운 이념은 더 이상 존재할 수 없기 때문에 역사는 이제 끝났다는 것이다. 플라톤이 주장한 인간 본성의 세 가지 구성요소, 즉 이성, 패기, 욕망을 근거로 하여, 후쿠야마는 인간의 패기(인정받고 싶은 욕망)로부터 자유민주주의가, 인간의 욕망(물질적 욕망)으로부터 자유시장경제(자본주의)가 역사 속에 필연적으로 등장하게 되고 결국은 최종의 정치·경제

---

7) Alexandre Kojèv, *Hegel, Eine Vergegenwärtigung seines Denkens*, (Hg.) Iring Fetscher, Frankfurt/M 1975, 46쪽.

8) 프랜시스 후쿠야마, 이상훈 옮김, 『역사의 종말-역사의 종점에 선 최후의 인간』, 서울: 한마음사 1992.

시스템으로 자리 잡을 수밖에 없다고 주장한다. 왜냐하면 인간의 인정받고 싶은 욕망과 물질적 욕망을 최상의 상태에서 충족시켜줄 수 있는 최적의 정치경제시스템은 자유민주주의와 자본주의이기 때문이다. 따라서 인류의 모든 국가는 자유민주주의와 자본주의를 채택하게 될 것이고, 이러한 자유민주주의와 자본주의의 세계화가, 다시 말해 이러한 보편적이고 균질한 국가의 탄생이 곧 인류의 진화의 종착역이라는 것이다. 이와 같이 후쿠야마도 낙관적 탈역사의 담론을 주장하고 있다.

둘째, 탈역사 담론의 주요 이론가 중 한 사람인 겔렌은 염세적 탈역사 담론의 대표자로서 간주된다.[9] 겔렌의 탈역사 개념은 앞선 낙관적 탈역사 담론의 이론가들과 그리 다르지 않다. 역사는 끝났고 우리는 역사 이후의 시대에 살고 있다는 것이다. 왜냐하면 역사적 변화의 가능성은 모두 실험되었고 이제 더 이상 새로운 것을 기대할 수 없기 때문이다. 과학과 기술과 산업자본주의의 연합 속에서 자동적으로 기능하는 '슈퍼구조'가 세계의 모든 사회를 지배하고,[10] 과학기술 발전과 경제 성장만이 유일한 정치적 목표가 된다는 것이다. 규칙적·자동적으로 기능하는 행정과 산업의 시스템 속에서, 다시 말해 문화적 결정체(Kristallisation) 속에서 정치적 핵심 과제는 경

---

9) 겔렌의 탈역사에 관해서는 Christian Thies, *Gehlen zur Einführung*, Hamburg 2000, 135쪽 이하; Thomas Jung, *Vom Ende der Geschichte: Rekonstruktion der Posthistoire in kritischer Absicht*, Münster 1989, 90~120쪽; Lutz Niethammer, *Posthistoire, Ist die Geschichte zu Ende?*, Reinbek bei Hamburg 1989, 13쪽 이하를 참조하라.

10) Arnold Gehlen, "Über kulturelle Kristallisation", in: Arnold Gehlen, *Studien zur Anthropologie und Soziologie*, Neuwied/Berlin 1963, 322쪽 이하를 참조하라.

제성장을 통한 인간 대중의 부양일 뿐이다. 새로운 정치적 이념의 탄생이나 문화적 혁신은 가능하지 않다. 물론 이러한 탈역사 상황에서 양적인 진보는 가능하다. 과학기술의 발전과 산업의 성장은 얼마든지 기대될 수 있다. 하지만 예컨대 새로운 삶의 방향성을 제시하는 것과 같은 새로운 질적인 변화의 가능성은 기대할 수 없다. 이제 대안적 행위방식은 존재하지 않는다.

니체가 탈역사의 징후를 역사의 전개과정에서 나타나는 과도기적 단계라고 보는 것과 달리, 겔렌은 자신의 시대를 탈역사적 시대상황을 규정하고 '기술적 근대'의 필연적인 결과이자 인류 역사의 필연적인 종착점으로 인식했다. 인간은 자신의 생존수단의 결핍을 보완하는 수단으로 도구, 기구, 기계 등을 발명했고 결국에는 고도의 자기조정적·기술관료적 사회시스템, 즉 사회의 슈퍼구조에 편입되어 안전한 삶을 영위하게 되었다는 것이다.[11] 물론 겔렌은 탈역사 상황의 부정적 측면을 알고 있었다. 이제 인간은 생물학적 생존의 차원을 넘어서는 의미에 대해서는 관심을 상실했기 때문이다. 탈역사는 '의미의 종말'을 뜻한다(그래서 겔렌은 '제도윤리'를 고안함으로써 이러한 삶의 의미의 상실을 보완하려고 시도했다).[12] 하지만 겔렌은 이러한 부정적인 측면이 있음에도 불구하고 탈역사 시대를 우리의 불완전한 본성을 보완해주는 '차선'의 시대로서 받아들여야

---

11) Arnold Gehlen, "Über die Geburt der Freiheit aus der Entfremdung", in: Arnold Gehlen, *Philosophische Anthropologie und Handlungslehre*, Frankfurt/M 1983, 379쪽을 참조하라.

12) 이에 관해서는 Arnold Gehlen, *Urmensch und Spätkultur. Philosophische Ergebnisse und Aussagen*, Wiesbaden 1986과 Arnold Gehlen, *Moral und Hypermoral. Eine pluralistische Ethik*, Wiesbaden 1986을 참조하라.

만 한다고 본다. 따라서 그의 탈역사 담론은 탈역사 시대를 적극적으로 긍정하는 태도보다는 이에 대해 염세적인 태도 또는 우울한 태도(Melancholie)를 취하고 있다.

셋째, 니체는 탈역사에 대해 비판적이고 부정적인 입장을 갖고 있다. 니체는 서양의 이성중심주의에서 비롯된 과학기술만능주의와 평등주의적 민주주의가 인간의 삶을 평균화, 획일화, 동일화시켰다는 점에서 볼 때, 그리고 이러한 대중의 독재와 새로운 가능성의 부재라는 점에서 볼 때 역사는 종말에 이르렀을지도 모른다고 판단한다. 니체는 우선 낙관주의적 탈역사를 비판한다. 낙관주의적 탈역사 담론이 역사적 진보의 종점으로 간주하는 과학기술과 자유민주주의의 질서는 니체에게는 인간 삶의 이상적 모습이 아니다. 그가 볼 때 이러한 탈역사의 상황에서는 자기보존과 자기만족에만 매몰된 인간 유형만이 존재하게 될 것이기 때문이다. 오히려 탈역사 상황은 인간의 왜소화(Verkleinerung)와 평준화(Nivellierung)가 정점에 달한 상황, 모든 새로운 시도와 실험이 거부되는 정체상황을 나타낼 뿐이다. "**동등한 권리**를 얻으려 애쓰고, 마침내 **동일한 욕구**를 갖게 되는 것은 상업과 동등한 정치적 참정권을 기초로 하고 있는 우리 문명의 거의 불가피한 결과물이다. 이것은 더 고귀하고 위험하고 탁월한 인간들, 요약하면 **더 새로운** 인간들을 배제하고 서서히 소멸시키게 될 것이다. 말하자면 **실험**은 종결되고, 일정한 정지 상황에 도달하게 될 것이다."[13)]

니체는 탈역사 상황을 극복해야만 한다고 주장한다. 중요한 것은 니체가 자신의 시대를 탈역사 상황에서 다원주의적 탈근대로 넘어

13) KSA 13, 75쪽.

가는 과도기로 보았다는 점이다. 니체는 탈역사 시대는 탈근대 시대의 도래를 통해 극복될 것이라는 전망을 갖고 있다.

제2장 탈역사 상황의 원인

니체는 왜 탈역사 상황이 도래하게 되었는지를 묻는다. 그는 그 근본적 원인을 서양의 이성중심주의에서 찾고 있다. 니체는 서양의 역사에서 이성중심주의의 정초자에 해당하는 사람을 소크라테스로 간주한다. 소크라테스가 이성중심주의 내지 논리중심주의의 대변자로서 이론과 학문을 중요시했고 이때부터 이성과 학문은 삶을 통제하고 지배하는 절대적인 힘을 획득했기 때문이다. 니체가 볼 때 문제는, 이러한 이성, 논리, 이론, 학문은 인간의 생존 수단으로서 인간에게 유익함을 주기도 하지만 '동일하지 않은 것'을 동일하게 만드는 과정 속에서, 그리고 개별성을 박탈하는 추상화의 과정 속에서 삶에 대해 '폭력'을 행사하는 해로움도 갖고 있다는 점이다.

마침내 소크라테스와 플라톤의 이성중심주의는 '과학기술중심주의'와 '경제적 낙관주의'가 근대의 지배적인 이념으로 자리 잡는 데 기여했고, 이로써 인간 삶의 법칙화, 기계화, 획일화, 평균화, 평범화가 나타나게 되었다는 것이다. 니체에 따르면 이러한 '근대(성)'는 소크라테스부터 시작된 셈이고 근대의 전개과정 속에서 탈역사의 상황이 야기된 것이다. 낙관적 탈역사 담론과 달리, 니체는 "경제적 낙관주의", 즉 "인류에 의한 인류의 더욱 경제적인 소비, 그리고 이해관계와 성과의 더욱 견고해지는 기계장치", "점점 더 작아지고 점점 더 정교하게 '맞추어진' 톱니바퀴 장치"를 근거로 하는 "경제적 낙관주의"[14]를 비판한다. 다시 말해 니체는 이러한 탈역사적 상황에서 나타나는 "이러한 전문화된 유용성에의 적응을 통한 인간의 왜소화"를 비판한다. 물론 니체는 이러한 상황이란 단지 과도기적 상황에 불과하다고 주장한다. 왜냐하면 이러한 기계화와 획일화의 상황에 맞서 인간은 각자가 삶의 의미 문제와 삶의 궁극 목적의 문제를 제기하게 될 것이기 때문이다.[15]

다른 한편, 니체는 탈역사적 상황의 원인을 서양의 민주주의에서 발견했다. 민주주의를 정의하는 것은 어려운 일이다. 왜냐하면 민주주의는 보편적 교리나 원전이 없으며 장기간에 걸친 서양 문명의 발전의 결과물이기 때문이다. 그러나 니체는 분명하게도 민주주의를 '자연화된 기독교'라 불렀다. 니체는 민주주의를 기독교가 세속화된 것으로 간주한다. 니체가 볼 때 특히 기독교 도덕의 '신 앞에서의 평등' 개념이 민주주의의 평등 개념의 뿌리가 되는 것이기 때문이다. 니체는 『도덕의 계보』와 『안티크리스트』 등에서 기독교에서 비롯되는 '도덕에서의 노예반란', '주인도덕에 대한 노예도덕의 승리', 그리고 '민주주의의 승리' 과정을 계보학적으로 다루었다. 니체는 기독교의 노예도덕과 그 세속화된 형태인 루소의 민주주의 사상은 보편성을 띠게 되었고, 프랑스 혁명에 의해 민주주의는 현실화되었다고 보았다. 결론적으로 말해 서양의 지성사는 민주주의를 향한 '필연적인' 전개과정이었다.

니체가 볼 때 루소는 기독교 도덕을 세속화시킨 인물로서 노예

---

14) KSA 12, 462쪽 이하를 참조하라.

15) KSA 12, 463쪽.

도덕의 대변자이다. 니체는 기독교와 민주주의 이념 사이의 연관관계를 다룰 경우에는 특히 루소를 중간에 집어넣어 생각하곤 했다.[16)] 중요한 것은 니체가 루소의 민주주의 이념을 '과도한 민주주의', 즉 인간의 삶을 획일화시키는 '평등주의적 민주주의'라고 보았다는 데 있다. 루소는 인간의 '선한' 본성과 평등이 완전하게 실현시킬 수 있는 민주주의 국가 이념을 고안했는데, 『사회계약론』에서 사회적 지위나 재산상의 비교적 엄격한 평등을 민주주의의 필요조건으로 제시했던 것이 사실이다. 니체가 볼 때 '평등주의적' 민주주의는 '귀족적 인간'에 대한 원한, 증오, 시기에서 발생한 기독교 도덕의 후예로서 인간의 삶에 대한 계속적인 '평균화'와 '평범화', 더 나아가 '동일화'를 야기했고 이를 통해서 이러한 과정에서 벗어나려고 시도하는 자들, 예컨대 니체의 말대로 '귀족적 인간'('탁월한 자', '고귀한 자', '예외적인 자', '위험한 자', '실험을 추구하는 자' 등)을 거부하고 배제하는 결과를 초래했다는 것이다. 그리고 더 나아가 '동일한 권리에의 요구'는 결국 문화적인 차원에서는 인간 모두가 '동일한 욕망'만을 갖게 되는 결과를 초래할 가능성이 높다는 것이다. 다시 말해 인간의 욕망은 안전한 자기 보존과 물질적인 자기만족의 차원으로 획일화되고 이와 같이 인간은 하향 평준화될 것이라고 니체는 보고 있다. 그리고 탈역사의 상황에서 나타나는 이러한 인간 유형을 가리키는 이름은 '최후의 인간'이다.

니체는 유럽의 민주화 과정이 역사의 필연적인 전개과정임을 받아들이면서도 다른 한편으로는 이러한 과정에서 비롯되는 문제점들을 날카롭게 파악했다. 니체의 민주주의 비판이 민주주의 이념 자체,

---

16) KSA 11, 48쪽; KSA 12, 558쪽; KSA 6, 150쪽을 참조하라.

즉 인민주권과 평등 이념 자체를 부정하고 있는 것은 아니다. 그의 비판은 '과도한' 평등주의, 다시 말해 '너무 많은' 민주주의, 즉 '대중의 독재'를 향했다. 민주주의가 '절대적인' 평등주의를 지향할 경우에 문제가 되는 것이다. 니체는 '대중의 독재'라는 관점에서 민주주의와 사회주의를 동일하게 보았다.

이와 같이 니체는 이성중심주의, 과학기술만능주의와 경제주의, 그리고 민주주의에서 비롯되는 인간 삶의 평준화와 획일화의 상황, 즉 탈역사의 상황에 대항한다. 니체는 탈역사 시대의 이러한 '최후의 인간'과는 다른 유형의 인간을 요청한다. 니체는 인류의 역사를 두 가지 관점에서 바라보고 있다. "**하나의** 운동은 무조건적이다. 인류의 평준화, 개미들의 커다란 건축물 등으로 나타난다(...). **다른 하나의** 운동, 즉 나의 운동은 거꾸로 모든 대립과 균열을 첨예화시키고 평등성을 제거하고 아주 강한 자들을 창조하는 것이다. **전자는** 최후의 인간을 만들어낸다. **나의** 운동은 초인(Übermensch)를 만들어낸다."[17]

제3장 탈역사, 다원주의 그리고 허무주의

니체는 자유민주주의적·자본주의적·기술관료 시스템 속에서 역사는 종결되었고 이로써 인간은 안전한 생존을 보장받는 탈역사의 상황에 도달해 평화로운 삶을 살게 되었다는 낙관적 탈역사 담론에 대항한다. 그는 역사의 종말 내지 탈역사 시대를 임시적이고 과도적

---

17) KSA 10, 244쪽.

인 시기로 파악한다. 왜냐하면 그는 다원주의의 세계가 형성되고 있음을 알았기 때문이다. 그는 다음과 같이 말한다. "오늘날의 인간 세계 속에 있는 엄청난 양의 우연적인 것, 모순적인 것, 부조화한 것, 이상한 것들이 미래를 지시하고 있다. 미래의 관점에서 볼 때 그것은 오늘날의 인간에게 필수적인 활동의 장이고, 이 장 속에서 오늘날의 인간은 창조하고 조직하고 조화를 산출할 수 있는 것이다."[18] 이러한 다원주의 세계는 다음과 같이 묘사될 수 있다. "사실상 우리와 관련이 있는 이 현존하는 세계는 우리에 의해 **창조된 것이다.** (...) 이 세계는 **생산적으로** 형태를 부여하고 가치를 창조하는 것으로 나타나는 유기적 과정의 한 산물이다. 전체의 관점에서 본다면, 선과 악이란 개개의 것에 따라, 또는 과정의 개별 부분에 따라 각기 관점적인 것에 불과하다. 그리고 전체적으로 볼 때 모든 악은 선 만큼이나 **필연적인 것**이고, 몰락은 성장만큼이나 필연적이다."[19] 니체는 여러 다양한 관점들이 상호 작용하고 충돌하는 세계가 도래한다고 본 것이다.

니체는 이러한 다원주의의 시대는 우선 처음에는 허무주의의 시대로 평가될 것임에 틀림없다고 말한다. 절대성을 추구하는 사람에게는 다원주의가 곧 절대성의 상실을 뜻하는 것이기 때문에 다원주의의 시대가 혼란의 시대로, 그리고 공허와 허무의 시대로 비추어질 수밖에 없기 때문이다. 니체는 자신의 시대의 사람들이 이미 다원주의의 시대에 살고 있다고 보았고, 이들의 심리적 배후 상태를 다음과 같이 묘사하고 있다. "근대의 인간은 시험 삼아 때론 이러한 **가**

18) KSA 11, 209쪽.

19) KSA 11, 203쪽.

치를 믿고 때론 다른 가치를 믿은 후 그 가치를 놔버린다. 살아남은 가치와 내버려진 가치의 원환은 더욱 충만해간다. 그리고 **가치의 공허와 빈곤**이 점점 더 깊게 느껴진다. 위대한 양식을 통해 이 운동의 속도를 늦추는 일을 시도한다 할지라도 이 운동을 저지할 수는 없다. 근대의 인간은 가치에 대한 비판을 감행한다. 그는 가치의 **기원**을 **알아차리고**, 그는 더 이상 아무런 가치도 믿지 않을 만큼 충분히 그것을 알게 된다. **파토스**가 거기에 있다. 새로운 전율이 거기에 있다."20)

니체에 따르면 허무주의는 사실상 인간의 근본적인 존재 상황에 뿌리를 두고 있다. '근본적 허무주의'는 인간의 허무주의적 본성에 뿌리를 두고 있는 그러한 허무주의이다. 인간 존재는 죽음으로의 과도기적 존재이다. 따라서 인간은 한편으로 그리스의 비극의 시대에 나타난 바와 같이 예술적인 활동을 통해 공허로부터 벗어나거나, 다른 한편으로 소크라테스나 플라톤적인 형이상학을 통해 존재의 허무로부터 벗어나는 것을 시도해야만 했다. 니체에 따르면 서양의 역사에서는 형이상학의 초월적 세계와 그리스도교의 절대적 도덕이 승리함으로써 '이 세계'가 거부되기는 했지만 여하튼 여기에서 삶의 목적과 의미가 주어졌기 때문에 근본적 허무주의는 극복되었다고 한다. 그런데 이제 중요한 것은 형이상학과 기독교의 절대 도덕이 부분적 가치를 지닐 뿐 더 이상 절대적 가치를 지니고 있지 않는다는 것을 인식하게 되면서 '모든 것을 거부'하고 허무에 빠지는 그러한 허무주의, 즉 **'경험적 허무주의'**가 등장했다는 사실이다. 인식과 행위의 기준이 되었고 삶에 방향을 제시했던 형이상학과 기독교 도

20) KSA 13, 56쪽 이하.

덕의 몰락은 삶 자체의 의미 상실로 나타날 것이 틀림없기 때문이다. 니체는 다음과 같이 말하고 있다. "내가 말하는 것은 앞으로 다가 올 두 세기의 역사이다. 나는 다가오고 있으며 결코 다르게 올 수 없는 것, 즉 **허무주의의 도래**를 기술한다. 이 역사는 지금 이미 이야기될 수 있다. 왜냐하면 필연성 자체가 이미 활동하고 있기 때문이다. 이러한 미래는 이미 백여 가지 징후에서 나타나고 있으며, 이 운명은 도처에서 자신을 고지하고 있다."21)

서양의 플라톤주의와 기독교 전통에서는 인식과 가치판단의 척도는 절대적이어야만 한다고 생각했다. 이 전통 속에 있는 사람은 다원성과 상대성에 만족할 수 없는 것이다. 따라서 절대적 가치의 상실은 모든 가치의 무가치함을 뜻하는 것이 된다. 니체는 다음과 같이 말한다. "2천년 동안이나 **기독교인**이었다는 것에 대해 **대가**를 치러야만 하는 시간이 오고 있다. 우리의 삶을 유지시켰던 **중심**을 상실한다. 그리고 우리는 일정 시간 동안 어디에서 와서 어디로 가는지를 알지 못한다. 우리는 우리가 기독교인으로 존재할 때 지녔던 에너지와 같은 정도의 에너지 속에서 느닷없이 **반대**의 가치평가로 신속히 떨어질 것이다."22) 니체에 따르면 '최고 가치의 무가치화'의 상태가 허무주의가 탄생하게 된 배경이다. 어떠한 가치도 절대성을 갖고 있지 않다면 모든 가치는 무가치한 것이다. 그런데 다원주의 시대에는 어떤 가치도 절대성을 갖고 있지 않다. 따라서 모든 가치는 무가치하다. 이러한 입장이 허무주의의 입장이다. 절대성을 추구하는 자가 볼 때 다원주의 시대는 비진리가 판치는 공허와 허무의

21) KSA 13, 189쪽.

22) KSA 13, 69쪽.

상황인 것이다.

앞서 살펴보았듯이, 니체는 자신의 시대의 탈역사적 정체상황은 표면적인 현상이라고 보았다. 니체는 과학기술과 경제주의 그리고 민주주의에 의해 평준화되고 획일화된 시대상황은 과도기적 현상이라고 보았다. 니체는 이제 다원주의가 시대의 특징으로 더욱 뚜렷해질 것이라고 예견했다. 그런데 중요한 문제는 다원주의 시대를 대하는 우리의 태도이다. 니체는 절대성을 추구하는 예전의 삶의 습관 속에서 다원주의를 인정하지 않는 태도가 존재할 것임을 알고 있다. 그러나 니체는 우리가 다원주의의 시대를 그야말로 그대로 인정하고 긍정해야 한다고 주장한다.

니체에 따르면 근원적 다원주의를 인정하는 태도는 두 가지 방향으로 나뉘게 된다. 하나는 다원주의적 상황을 인정하기는 하지만 그저 그 상황에 머물러 아무 것도 원치 않는 것이고, 다른 하나는 스스로 새로운 삶의 가치를 창출하고 이로써 삶의 목적과 의미를 제시하려는 것이다. 니체는 우리가 다원주의자로서 존재하면서도 능동적이고 적극적인 다원주의자로 존재해야만 한다고 주장한다. 스스로를 미래의 철학자로서 규정했던 니체는 다원주의 시대가 우선은 허무주의의 시대로 간주될 것이지만 우리는 이 다원주의 시대를 긍정하고 이 속에서 새로운 삶의 방식을 찾아야만 한다고 주장했던 것이다.

제4장 탈역사와 탈근대

오늘날의 논의에서 볼 때, 탈역사 담론은 그것이 긍정적 탈역사 담론이건 염세적 탈역사 담론이건 간에 근대를 지속시키려는 담론이라고 할 수 있다. 앞서 살펴보았듯이, 탈역사 담론은 과학기술과 산업생산을 기반으로 하는 '슈퍼구조'의 세계화를 강조하는 쪽과 자유시장경제와 자유민주주의의 세계화를 강조하는 쪽으로 형성되어 있다. 니체는 이러한 탈역사 담론에 저항하는 탈근대 담론을 개진한 철학자이다. 니체는 시대의 탈역사의 획일화의 징후를 강력하게 비판함으로써 다원주의적 탈근대의 시대가 보다 빨리 가시화되기를 희망했다. 니체는 어떤 관점에서 탈역사를 비판하는가? 두 가지 형태의 탈역사 담론과 관련하여 니체의 입장을 정리하려고 한다.

첫째, 탈역사 담론은 과학기술이 모든 것에 대해서 독점적으로 그리고 총체적으로 지배함으로써 역사가 끝났다고 주장한다. 이 담론은 이와 같이 과학기술시대의 형태로 미래를 규정하고 있다. 겔렌에 따르면 탈역사에서는 "자연과학과 기술 그리고 산업 생산 사이의 협업"이 "공생의 기초"[23)]를 이루고 있다. 이와 동시에 과학기술에 크게 의존하고 있는 이러한 탈역사 시대의 사회는 '기술관료사회'라고 한다. 탈역사는 기본적으로 '과학기술시대'인 것이다.[24)] 과

---

23) Arnold Gehlen, "Ende der Geschichte?", In: ders., *Einblicke*, Frankfurt/M 1975, 115~133쪽, 여기서는 120쪽.

24) '탈역사' 담론과 유사한 시대인식을 갖고 있는 담론은 '포스트산업사회' 일 것이다. 다니엘 벨에 따르면 '포스트산업사회'의 특징은 이론적 지식이 우위를 점하고 학문과 기술이 연합하고 사회 발전을 계획적·인위적으로 조종하는 것 등으로 나타난다. '포스트산업사회'는 자연적 질서가 기술적 질서로 대체된 사회이다(Daniel Bell, *Die Nachindustrielle Gesellschaft*, Frankfurt/M und New York

학기술시대에서는 과학기술이 부분 영역에서만 획일화를 수행하는 것이 아니다. 사회의 모든 부분이 점점 더 이러한 과학기술 논리의 지배를 받게 되고, 과학기술 논리는 모든 곳에서 지배적인 힘을 행사하게 된다고 말할 수 있다.

물론 니체도 과학기술이 사회 전체를 지배하게 되고 이로써 인간의 삶이 특정한 형태로 획일화될 것이라는 점을 알고 있었다. 니체가 볼 때 과학은 "인간적 목적을 위한 자연의 지배"를 뜻하는데, 문제는 과학의 확장 과정이 개인을 대중으로, 평균인으로 만든다는 데 있다. 니체는 "물리학자들이 그토록 자랑하는 '자연의 합법칙성'은 (...) 사실 '텍스트'도 아니고, 오히려 소박한 인도주의적 정돈이며 의미의 왜곡일 뿐이며, 이것으로 그대들은 근대정신의 민주주의적 본능에 충분히 영합하는 것이다!"[25]라고 말한다. 니체에 따르면 과학은 "법칙을 믿는 선의지"로부터 "특히 민주주의 시대에"[26] 발전해 나갈 수 있었다고 한다. 그리고 과학기술시대에는 "인간 가운데 보다 평범한 종이, 예컨대 처음에는 상인들이, 나중에는 노동자가 지배권을 획득하게 될 것"이고 결국 "민중이 지배자로 등장하게 된다"[27]고 예견한다. 이로부터 '감각과 체험의 획일화'를 포함해 모든 영역에서 대중의 독재가 일어나게 된다고 주장한다.[28]

1985, 32쪽 이하와 54쪽을 참조하라). '포스트산업사회'는 산업사회의 결과물이지만 훨씬 더 강력하게 기술화 과정을 추진하고 있다. 그리고 '포스트산업사회'는 '탈역사' 담론의 시대인식과 같이 대중사회를 질서 있게 정돈하는 것을 목표로 하기 때문에 기술관료적인 성격을 띠게 된다.

25) KSA 5, 37쪽.

26) KSA 12, 188쪽.

27) KSA 9, 200쪽.

28) KSA 9, 501쪽 이하를 참조하라.

이와 같이 니체는 과학기술이 근대를 각인하고 있음을 인정한다. 그러나 그는 과학기술시대로서의 근대가 곧 역사의 종말을 뜻한다고 생각하지는 않았다. 탈역사 담론이 다원주의에 관한 주장을 과학기술시대라는 부인할 수 없는 현실에 대한 혼란된 지각 형태에 불과한 것이라고 본다면,29) 그 반대로 니체는 과학기술을 다원주의적 탈근대를 구성하는 하나의 요소로 인정할 뿐이다. 니체의 탈근대 구상은 탈역사의 입장, 즉 과학기술의 우위를 주장하고 통일성과 획일성을 강조하는 입장을 비판하고, 그 대신에 적극적으로 다원성을 옹호하는 입장이다. 그의 탈근대는 과학기술의 발전이 야기하는 획일화의 문제에 맞서 현실의 다원성을 견지하려는 구상이다.

삶의 관점에서 볼 때, 과학기술은 예컨대 자연의 지배와 관련된 영역과 같은 부분 영역에서만 지배적인 역할을 하고 이 부분 영역에서는 획일화의 방법을 택할 수 있다. 이와 같이 자연과학의 적용이 부분 영역에 국한되어 나타날 경우에는 이것에 반대할 이유가 전혀 없다. 그러나 삶의 모든 영역을 성급하게 과학기술적으로 파악하려 할 때 비판의 대상이 된다. 과학기술의 관점과 방법으로는 파악 불가능한 삶의 영역에 과학기술을 적용할 경우에는 폭력과 왜곡

---

29) '탈역사'를 주장하는 쪽은 다원주의를 주장하는 탈근대 담론을 그리 진지하게 취급될 현상이라고 보지 않는다. 왜냐하면 외부에 드러나 있는 다양성의 문화 현상들은 실제로는 그 배후에 놓여 있는 과학기술의 변화 과정을 반영하는 것일 뿐이라고 보기 때문이다. 말하자면 현시대는 과학기술의 시대이고 이러한 시대의 현상에 대한 혼란스러운 지각 형태가 탈근대 담론이라는 것이다. 이러한 견해를 대표하는 인물로 미국의 비교문예학자 프레드릭 제임슨을 들 수 있다. Fredric Jameson, "Postmoderne-Zur Logik der Kultur im Spätkapitalismus", In: Huyssen, Andreas / Scherpe, Klaus R. (Hg), *Postmoderne–Zeichen eines kulturellen Wandels*, Hamburg 1997, 45~102쪽.

의 현상만이 나타나게 될 것이다. 니체는 과학기술적인 영역과 그렇지 않은 영역을 구별하고 이러한 구별에 따라 서로 다른 삶의 방식을 요청하고 있다. 그는 과학기술의 논리가 삶의 모든 영역에서 무제한적으로 관철되는 데 저항한다.

니체는 근대 이성중심주의 내지 계몽주의적인 입장에서 오직 과학기술에만 가치를 부여하거나 아니면 낭만주의적인 입장에서 과학기술과 무관한 것을 더 높게 평가하는 양자택일의 태도를 지양했다. 그는 그 대신에 과학기술을 삶의 유용한 도구로 생각하는 태도를 취했다. 그는 과학기술에 거부의 자세를 취하지 않으며 적극적으로 수용한다. 이로써 과학기술은 탈근대의 다원주의적 상황에서 한 부분을 차지하게 된다.

둘째, 탈역사 담론은 자유민주주의 이념의 세계화로 인하여 역사는 종말에 이르렀다고 주장한다. 앞서 보았듯이, 니체는 민주주의의 핵심을 자기 보존과 안전한 삶을 위해 모든 것을 평균화하고 평준화는 데 있다고 보는데, 이러한 민주주의의 시대를 통해 결국 역사가 종결되었다고 볼 수도 있다고 말한다. 하지만 니체는 일찍이 자신의 시대 속에서 탈근대적 현상을 보았던 것이다. "우리가 **다채로운 시대**라고 부르려 하고, 인생의 다양한 실험을 하게 될 다가오는 시대의 특징은 다음과 같다. **첫째**, 최종적인 결정에 관한 신중함(우리가 이른바 최종적인 결정이라고 부르는 것이 무엇을 통해 지금까지 엄청난 과대평가를 획득했는지를 인식하자마자 최종적 결정은 우리에게서 중요성을 잃는다). **둘째**, 모든 풍습과 이 풍습의 방식에 구속되어 있는 모든 것을 적대시하는 선입견, **셋째**, 모든 나쁜 특성을 속속들이 드러낸다는 점에서 보다 많은 정직함"[30)]이 그것이다.

니체의 탈근대는 여러 가지의 합리성, 가치체계의 다원성, 그리고 삶의 목표에 대한 다원성을 확대시키려고 한다. 니체는 예컨대 과학기술의 합리성 영역, 경제적 효율성의 영역, 윤리와 도덕의 영역, 예술과 문화의 영역, 다양한 권리를 추구하는 정치영역으로 삶의 영역을 분할하려했던 것으로 보인다. 이때 니체의 탈근대는 한 영역의 논리가 다른 영역들을 독점적으로 지배하는 것에 대해 강력히 비판했다. 니체는 삶의 세계가 근본적인 다원성으로 나타나길 희망했다. 또한 니체는 각자의 개인들이 자신의 관점과 가치관을 갖고 자신의 성향과 정체성을 확립하길 원했다. 그리고 니체는 이러한 다원성을 철저하게 그리고 왜곡 없이 인정할 것을 주문했다.

이러한 전망 속에서 니체는 '평등주의적' 민주주의 시대의 인간을 비판했다. 이러한 민주주의 시대의 권리의 동등화는 욕구의 동일화를 낳는다고 비판했던 것이다. 니체는 우리가 쾌적한 자기보존을 위해서라면 인간의 고귀한 가치에 대한 신념마저 내던져 버리는 탈역사의 '최후의 인간'이 되지 않기를 희망했다. 이러한 '최후의 인간'이 뜻하는 것은 결국 생물학적 생존을 넘어서는 것, 즉 고귀한 인간으로 존재하는 것 따위에는 어떤 관심도 없는 인간, 하찮은 욕망을 뛰어넘을 수 없는 자신에 대해서 아무런 수치심도 느끼지 않는 인간이기 때문이다.[31)]

---

30) KSA 9, 49쪽 이하.

31) 근대의 문화와 근대적 인간의 삶에 대한 니체의 비판에 관해서는 프랜시스 후쿠야마, 앞의 책, 440쪽 이하를 참조하라.

제5장 탈근대 시대의 삶의 방식

니체는 탈근대 담론의 선구자로 간주되는데 이것은 당연한 것이라고 할 수 있다. 그의 이성중심주의비판, 언어비판, 형이상학비판, 절대도덕비판, 과학기술비판, 역사철학 비판 등으로부터 탈근대 담론의 단초가 형성되었기 때문이다. 니체는 탈역사의 징후를 비판하고 그 과도기적 성격을 드러냈다. 그는 우리의 시대가 탈역사의 상황을 벗어나 다원주의의 시대로, 다시 말해 탈근대의 시대로 나아갈 것임을 선취한 사람이다.

니체는 한편으로 근대의 획일적인 문명화과정과 평등주의적 민주화과정(대중의 독재), 즉 탈역사의 경향에 맞서 싸웠다. 니체는 다른 한편으로 다원주의 시대가 등장할 것임을 예언했다. 그리고 니체는 여기서 그치지 않고 이러한 다원주의적 탈근대에 적합한 새로운 삶의 방식의 고안을 시도했다. 니체는 다음과 같이 주장한다. "우리는 절대적 진리를 **거부**하자마자 즉시 모든 **절대적 요구**를 포기해야 하고 **미적 판단**에 머물러야 한다. **미적으로 동등한 권리를 갖는 가치평가들**을 다양하게 만들어내는 것이 **과제이다**. 각각의 가치평가는 각각의 개인에게 최종의 사실이고 사물의 척도가 된다. 도덕을 미학으로 환원하기"32)가 니체의 중요한 문제인 것이다. 그의 새로운 탈근대적 삶의 방식은 삶의 미학으로 불릴 수 있을 것이다. 왜냐하면 그 중심에는 '미적인 자기 형성'이 있기 때문이다. 이러한 삶의 미학에서 중요한 것은 지성적 솔직성, 자기 인식, 자기 비판, 자기 극복, 책임의 실천 등이다. 그러나 더욱 더 중요한 것은 시도와 실험 속에

32) KSA 9, 471쪽.

서 '새로운 가치', 즉 자신의 미적 가치와 미적 가치판단을 창조하는 일이다.

니체에게 인간은 "위대한 자기 실험자이며 최후의 지배를 위해 동물, 자연, 신들과 싸우는 만족할 줄 모르는 자이자 싫증을 모르는 자"이고 "언제나 정복되지 않는 자, 자기 자신의 충동력 때문에 결코 휴식을 모르는 영원히 미래적인 존재"이고 "그래서 그의 미래가 가차 없이 박차처럼 모든 현재의 살 속에 파고드는"[33] 자이다. 니체는 이러한 인간관을 바탕으로 실험적 삶을, 즉 실험 철학을 정당화한다. "내가 체험한 이런 실험철학은 시험적으로 근본적인 허무주의의 가능성마저 선취한다. 하지만 이 철학이 부정에, 부정의 행위에, 부정에의 의지에 머물러있음을 말하는 것은 아니다. 오히려 이 철학은 그 정반대에까지 이르기를 원한다. 공제나 예외나 선택함이 없이 세계를 있는 그대로 **디오니소스적으로 긍정**하기에 이르기를 원한다. 이 철학은 영원한 회귀를 원한다. 동일한 것을, 매듭의 동일한 논리와 비논리를 원한다."[34]

앞서 말했듯이, 니체에 따르면 우리는 스스로 미적인 가치평가방식을 창조해야 하고, 세계 안에 존재하는 가치평가방식들의 다원성을 인정해야 한다. 삶의 미학은 아주 분명하게 다원성을 선택한다. 삶의 미학은 그 어떤 종류의 절대성과 통일성을 위한 구상을 하지 않고 다양성을 인정한다. 이와 같이 삶의 미학은 각양각색의 무수한 실험을 시도하면서 모든 타율적 규정에서 벗어나 자율적이고 역동적이고 다원적으로 삶을 창조하는 것이다.

---

33) KSA 5, 367쪽.

34) KSA 13, 492쪽.

물론 니체는 다원주의를 그대로 용인하고 '모든 것이 허용된다'는 명제에 매몰되지는 않았다. 니체는 '거리의 파토스'를 말하면서 차이의 중요성을 말했지만, 다원주의 시대 속에서 자신의 '가치의 위계질서'를 정립해야 할 필요성을 주장했다. 니체는 이때 '귀족적인' 가치의 위계질서를 말하지만 이것이 새로운 계급질서를 말하는 것은 아니다. 이것은 단지 여러 다양한 가치들 중에서 어떤 가치에 더 우선권을 줄 것이냐의 문제인 것이다. 이러한 가치서열에 관한 관점은 각각의 주체에 따라 다르게 설정될 것이다. 니체는 한편으로 각 개인이 저마다 인식과 행위의 기준을 세워야 한다는 관점에서, 다른 한편으로 인간의 자기 보존과 자기만족의 가치를 넘어서는 어떤 가치를 우리가 창조해야만 한다는 관점에서 가치의 문제에 대해 고민했던 것으로 보인다. "위대한 놀이를 하는 것, 그것은 아마 인류라는 종족을 보존하는 것보다 더 고귀한 어떤 것에 도달하기 위해 인류의 생존을 거는 것"[35)]이 중요하다고 본 것이다.

니체는 탈근대의 다원성과 이질성에서 비롯되는 혼란을 극복하기 위한 대안으로서 '위대한 정치'를 고안했다. 이 '위대한 정치'의 핵심은 '거리의 격정'을 정치적·문화적으로 실천하여 가치의 '위계질서'를 확립하는 것이다. 그리고 이러한 실천을 할 수 있는 '귀족적 인간' 내지 '주권적 개인'을 훈육하는 일이 무엇보다 시급한 현대의 정치 과제라고 보았다.

니체는 전문적인 정치철학자나 사회철학자는 아니었다. 게다가 그의 글은 조각글의 형태를 취하고 있고 그의 문체는 대개의 경우 은유적인 형태를 띠고 있다. 따라서 그가 이상적으로 생각하고 있는

---

35) KSA 10, 372쪽.

정치제도나 사회구조에 대해서 살펴보려고 할 때 항상 어려움에 처하게 된다. 니체는 다원성의 혼란을 극복하기 위한 대안으로 '위대한 정치'를 이야기하고 '귀족적인 인간', '주권적 개인', 내지 '초인', '유럽민족연합' 등과 같은 것을 이야기한다. 그러나 이 모든 것의 구체적인 내용은 불분명하다. 물론 우리는 추측할 수 있다. 니체는 예컨대 어떤 플라톤의 철인 같은(이때 지식과 권력이 결합하지만 니체의 경우는 예술가적 감각과 권력의 결합으로 나타날 것이다) 어떤 강력한 정치지도자 내지 정치에 영향을 미치는 문화지도자를 생각하고 있는 듯 하다. 니체가 말하는, 뭔가 '새로운 가치'나 '새로운 삶의 방향'을 제시하는 인간, 그리고 '거리의 격정'을 체현하고 '위계질서'를 확립하는 어떤 '영웅적 태도'의 인간은 물론 폭력적인 인간이나 독재적인 인간은 아니다. 그는 모든 다원성과 차이성을 인정하고 그 속에서 어떤 종합을 만들어내는 인간 유형을 구상하고 있는 것처럼 보인다.

제6장 탈근대 담론의 현재성과 그 한계

이상에서 살펴보았듯이, 니체는 탈역사적 시대전망에 대항하여 탈근대적 시대전망을 내놓은 최초의 철학자라고 해도 과언이 아니다. 탈역사가 모든 것을 획일화하고 차이를 없애는 담론이라면, 탈근대는 근본적 다원주의가 사회의 근본현상으로 실현되고 인정되고 있음을 주장하는 담론이다. 니체의 탈근대 담론은 차이성을 없애고 동일성을 주장하는 탈역사를 비판함으로써 다원성을 지향하는 것이다. 니체의 탈근대는 이러한 다원주의 상황에 대한 개념적 구상을 시도했다.

물론 니체의 탈근대는 탈역사에서 탈근대로 이행하는 과정에서 근대가 야기한 문제점들을 비판하려는 것이지 근대가 낳은 성과물 모두를 포기하겠다는 것이 아니다. 니체의 탈근대는 이성중심주의의 모든 독점성 요구, 특히 세계를 이해하고 지배하는 과정에서 과학기술에 독점적 지위를 부여했던 근대의 과학기술만능주의와 삶의 획일화를 과도하게 주장했던 평등주의적 '민주주의'에 대한 저항에서 탄생한 것이다. 탈근대는 과학기술의 독점적 지배와 정치문화의 획일화에 종지부를 찍는다. 하지만 니체가 과학기술 자체와 자유민주주의 자체를 부정하고 있는 것은 아니다. 니체는 과학기술이 다원주의 시대의 한 요소로 자리 잡을 수 있는 가능성을 모색했다. 그리고 그는 다양한 삶의 방식을 인정하고 긍정하는 낙관적인 미래상을 보여주고 있는데, 이 과정이 바로 진정한 민주화의 과정일 것이다.

니체는 서로 다른 다양한 지식형식, 가치판단, 행위유형 들이 모두 나름대로 권리를 갖고 있다는 인식에 바탕을 두고, 이러한 권리를 억압하는 메커니즘을 통찰함으로써 다원성을 공격적으로 옹호했다. 니체에 따르면 어떤 배타적 권리 주장이나 진리 주장도 결국은 부분적인 것에 불과한 것을 절대적인 지위로 끌어올리려는 어떤 '힘에의 의지'의 부당함의 결과이다. 니체는 '거리의 파토스'에서 나타나듯이 다원성과 차이성을 옹호하고, 유일성과 동일성에 저항하며, 모든 독점적 지배에 반발하고, 전체를 대변하려 드는 월권의 실체를 폭로했던 것이다. 따라서 그는 예컨대 플라톤주의나 기독교 등과 같은 '형이상학'과 '종교' 그리고 '절대 도덕'을 끝까지 공격했던 것이다.

최근의 탈근대론자들이 니체를 자신들의 사유의 토대로 삼은 이유도 사실상 니체가 다원성과 차이성을 적극적으로, 아니 공격적으로 옹호했기 때문이다. 말하자면 니체의 '반전체주의' 내지 '반총체주의'에 있다. 니체의 입장은 다원성을 지향하는 데, 다시 말해 인간의 생활방식과 행위형식에서, 사유의 유형과 사회 구상에서 다원성을 지향하고 소수자들의 권리를 보호하려는 데 있다. 과도한 평등주의의 폐해를 경고하고 우리의 정치문화에서 뿐만 아니라 삶의 방식 모든 곳에서 일어날 수 있는 평준화, 균질화, 획일화, 전체화 가능성에 대해 항상 비판적인 정신을 가질 것을 요청했다는 점에서, 그리고 다원적이고 관점주의적인 시각을 지니면서 차이를 존중하고 이를 조정·종합해나가는 삶의 태도를 강조했다는 점에서 그의 탈근대 담론은 우리에게 현재성을 띠고 있다.

19세기 말 이미 니체가 탈근대의 문제, 즉 근본적 다원주의의 문제는 곧 등장하게 될 것이라고 주장했듯이, 우리는 이미 탈근대적 다원주의의 세계에 살고 있는 것이 사실이다. 이미 우리의 현실 생활 자체가 탈근대적으로 변한 것이다. 우리는 새로운 매체를 통해 이질적인 것들과 비동시적인 것들이 동시에 다양하게 존재하는, 서로 다른 가치관과 주장들이 상호 투쟁하고 착종하고 있는 그러한 다원주의적 탈근대 시대에 살고 있다. 물론 우리는 탈근대적 다원주의 시대를 부정하거나 회피해서는 안 된다. 니체가 말했듯이, 우리는 다원적인 의미와 행위 방식이 등장하는 이러한 다원화 과정을 해체적 소멸과정으로 받아들이는 것이 아니라 필연적인 과정으로 인식하고 긍정해야 한다.

하지만 문제는 남아 있다. 니체가 제시한 탈근대의 삶의 방식은 이질적인 것의 불화라는 난제를 극복할 수 있는가? 니체의 '미적 이성' 내지 '삶의 미학'이 이 문제를 해결할 수 있는가? 그의 초인 개념은 매우 모호하지 않은가? 따라서 그의 탈근대적 시대진단은 우리로 하여금 탈근대에 조응하는 새로운 이성의 고안에 관심을 둘 것을 요구한다고 볼 수 있다.

제6부 니체의 이상적 인간상

제6부는 니체가 어떤 유형의 인간상을 이상적 인간상으로 제안했는지, 그리고 니체가 왜 이러한 이상적 인간상을 제안하게 되었는지를 살펴보는 데 목표를 두고 있다. 니체가 제안한 이상적 인간상은 그동안 많은 오해를 불러일으켰던 것이 사실이다. 극단적인 예를 들면, 니체의 '초인(Übermensch)'은 자유주의를 부정하고 일당 독재를 주장하고 지배자에 대한 절대적인 복종을 강요하는 자로서 대외적으로는 민족주의와 군국주의를 지향하는 자로 이해되기도 했다. 따라서 니체는 민족주의자, 제국주의자, 국가사회주의자, 파시스트 등으로 간주되기도 했다.[1] 여기에서 니체의 이상적 인간상이 어떤 동

1) 루카치는 니체가 이성의 파괴자임은 물론 국가사회주의의 선구자이자 파시스트의 사상가라고 간주하고 니체의 철학을 누구보다도 신랄하게 비판했다 (Georg Lukács, *Die Zerstörung der Vernunft. Der Weg des Irrationalismus von Schelling zu Hitler*, 3.Aufl., Berlin 1984). '루카치의 니체 비판'에 관해서는 김정현, 「니체, 루카치 그리고 정치적 미학주의의 담론」, 『니체, 생명과 치유의 철학』, 서울 2006, 80~105쪽을 참조하라. 타우렉은 니체 철학이 '파시스트적' 요소(마키아벨리의 목소리)와 '반파시스트적' 요소(몽테뉴의 목소리)를 동시에 갖고 있다고 주장하고 이 두 측면이 이후 사상사에 어떤 영향을 미쳤는지를 서술하고 있다 (Bernhard H.F. Taureck, *Nietzsche und der Faschismus*, Hamburg 1999). 니체의 철학이 국가사회주의에 어떤 영향을 주었고 그것에 의해 어떻게 오용되었는지에 관해서는 Steven E. Aschheim, *Nietzsche und die Deutschen - Karriere eines*

기에서 제시되었는지, 그리고 실제로 어떤 성격을 지니고 있는지가 밝혀지게 된다면, 그러한 니체 해석이 단지 오해에 불과한 것임을 알 수 있게 될 것이다.

니체는 유럽의 근대화 과정을 이중적인 관점에서 바라보고 있다. 한편으로 그는 유럽의 근대화 과정을 긍정적으로 평가한다. 그는 유럽 문화가 '이성주의'에 의한 '기독교의 쇄락'과 '과학기술적 세계관의 득세'를 통해 탈종교적·탈형이상학적인 방향으로 전개되고 있고 이로부터 여러 세계관과 가치관이 다원성 속에서 공존할 수 있는 환경이 형성되었다고 보았기 때문이다. 니체는 이러한 다원주의가 서서히 시대정신으로 자리 잡아가는 현상을 '허무주의'라는 담론 속에서 파악했고, 더 나아가 이러한 다원주의 시대를 새로운 삶의 방식과 새로운 인간 유형이 탄생할 수 있는 가능성의 시대로 긍정적으로 받아들였던 것은 물론 강력하게 요청하기도 했다.

하지만 다른 한편으로 니체는 근대인이 세계관과 가치관의 다원성을 인식하고 승인하는 것이 아니라 근대의 '이성중심주의'에 뿌리를 둔 과학기술주의와 자본주의, 그리고 '민주주의와 역사의 진보낙관주의'라는 새로운 종교에 빠져 다시 전체성의 이데올로기에 매몰되는 경향을 보았다. 니체는 특히 프랑스혁명 이후 유럽이 민주화되는 과정에서 나타난 '평등주의'를 심각한 문제로 생각했다. 니체는 인간의 '평등(Gleichheit)'이 정치의 영역에서뿐만 아니라 인간 삶의 모든 영역에서 절대적인 가치로 자리 잡을 때 나타날 문제에 대해 숙고했다. 니체는 '동등한 권리에의 요구'가 '동일한 욕망의 요구'와

Kults, aus dem Englischen von Klaus Laermann, Stuttgart/ Weimar 1996, 251쪽 이하를 참조하라.

'동일한 삶의 요구'로 나아가게 될 것이라고 보았기 때문이다. 니체는 '평등'의 문제를 인간을 '평균성(Mittelmaß)'의 차원으로 하향 평준화시키고 결국 인간을 '동일화(Gleichmachung)'하는 문제로 이해했기 때문이다. 그는 민주주의가 '평등주의'와 '다수결주의'로 나아갈 경우 '군중의 독재'가 형성될 것이고, 이러한 '군중'에 봉사하는 과학기술주의와 자본주의의 문화가 독점적으로 지배하게 될 것이라고 보았다. 니체는 이러한 비판적 관점에서는 당대의 유럽의 문화 현상을 '몰락의 현상'으로 진단했다.

니체는 근대의 긍정적인 면을 보존하고 부정적인 면을 극복하려고 시도했다. 니체는 시대의 긍정적인 측면인 다원주의(니체의 개념에 따르면 '능동적 허무주의')가 시대정신으로 강력하게 자리 잡을 수 있도록 하는 동시에 새로운 형태의 일원주의, 전체주의, 총체주의의 등장을 저지하려고 노력했다. 이러한 이유에서 니체는 형이상학 비판,[2] 기독교 비판,[3] 도덕비판,[4] 이성비판,[5] 학문비판,[6] 근대

2) 니체의 형이상학 비판에 관해서는 이상엽, 「니체, 도덕적 이상에의 의지로부터 형이상학적 세계 해석의 탄생」, 『철학』 66집, 한국철학회 2001, 131~155쪽을 참조하라. 니체와 형이상학 사이의 관계에 관한 여러 관점들에 대해서는 김정현, 「니체와 근대성, 그리고 형이상학의 문제 - 그의 형이상학을 보는 세 가지 입장을 중심으로」, 『철학연구 24집』, 고려대학교 철학연구소 2001, 1~23쪽을 참조하라.

3) 니체의 기독교 비판에 관해서는 김정현, 「니이체의 원시기독교 비판 - 예수와 바울을 중심으로」, 『니체연구』 2집, 한국니체학회 1996, 157~189쪽; 김미기, 「루터와 종교개혁에 대한 니이체의 이해」, 『니체연구』 2집, 한국니체학회 1996, 215~246쪽; 최상욱, 「그리스도교에 대한 니체의 평가」, 『니체연구』 8집, 한국니체학회 2005, 7~37쪽을 참조하라.

4) 니체의 도덕 비판에 관해서는 백승영, 「비도덕주의 윤리학」, 『니체, 디오니소스적 긍정의 철학』, 서울 2005, 546~597쪽과 이상엽, 「니체의 도덕비판」, 『한국철학논집』 19집, 한국철학사연구회 2006, 73~103쪽을 참조하라.

민주주의 및 사회주의 비판[7])을 감행했다. 니체의 철학은 근대성의 폭력적인 요소를 비판하고 해체하는 데 몰두했던 것이다. 우리는 바로 이러한 맥락에서 니체 철학의 탈근대성과 그의 탈근대철학의 현대적 의미를 이해할 수 있는 것이다.[8])

그런데 여기서 중요한 것은 니체가 원했던 다원주의는 '수평적(horizontal)' 다원주의만이 아니라는 점이다. 다시 말해 삶의 영역은 여러 부분으로 나뉘며 각 부분 영역, 예컨대 정치, 경제, 학문, 기술, 예술, 교육 등의 영역들이 각기 자신의 고유한 논리를 갖고 있다든지, 각 영역 안에서도 각기 다른 가치관점들이 존재한다든지, 그리

---

5) 니체의 이성 비판에 관해서는 이진우, 「니체의 반역적 사유 - '의식'의 이성과 '몸'의 이성」, 『철학』 48집, 1996, 187~214쪽; 이상엽, 「이성과 이성의 타자」, 『니체연구』 6집, 한국니체학회 2004, 149~175쪽을 참조하라.

6) 니체의 학문 비판에 관해서는 Andrea Germer, *Wissenschaft und Leben: Max Webers Antwort auf eine Frage Friedrich Nietzsches*, Göttingen 1994, 20쪽 이하; 이상엽, 「삶과 학문 - 니체의 학문비판」, 『철학과 현상학연구』 21집, 한국현상학회 2003, 441~464쪽을 참조하라.

7) 니체의 근대 민주주의 비판에 관해서는 Urs Marti, *'Der große Pöbel- und Sklavenaufstand'. Nietzsches Auseinandersetzung mit der Revolution und Demokratie*, Stuttgart/Weimar 1993, 특히 189쪽 이하; Matthias Steinbach, "'Der Staat hat heute einen unsinnig dicken Bauch' - Politisches Denken und Nationalstaatskritik bei Friedrich Nietzsche", in: *Historische Zeitschrift Band 283*, München/ Oldenburg 2006, 319~354쪽을 참조하라.

8) 니체철학을 탈근대적 관점에서 해석한 최초의 대표적인 저작 중 하나는 아마 들뢰즈의 『니체와 철학』(1962)일 것이다(Gilles Deleuze, *Nietzsche und die Philosophie*, Hamburg 1991). 김진석은 니체철학이 한편으로 논리적·이론적 측면에서는 탈근대적인 성격을 가지고 있지만 다른 한편으로 정치적·실천적 측면에서는 전근대적·보수적·귀족적인 성격을 지니고 있다고 해석한다. 따라서 니체의 철학을 탈근대적인 관점에서만 해석하는 것은 일면적이며 정당한 해석이 아니라고 한다(김진석, 「니체에 대한 탈현대적 해석을 넘어가기」, 『니체연구』 9집, 한국니체학회 2006, 7~34쪽).

고 한 개인에게는 자신의 고유한 가치관과 세계관이 있고 이는 존중되어야 한다든지 하는 것을 주장하는 의미에서의 다원주의가 그가 추구했던 다원주의를 완전하게 설명해 주지는 못한다. 이러한 다원주의는 아직 '일차원성'의 다원주의, 즉 결국은 '유용성'과 '평균성'의 차원으로 수렴되는 다원주의에 불과하기 때문이다. 니체에게 물질적 욕망의 다원주의나 개인적인 취미의 다원주의와 같은 것은 중요한 의미를 차지하지 않는다.

니체는 한 걸음 더 나아가 '수직적(vertikal)' 다원주의를 고안하려고 했다. 말하자면 니체는 인간 삶의 위대하고 고귀한 차원에 대한 관심을 기울였고 '가치와 인간의 위계질서'와 인간의 '고양' 가능성을 모색했는데 이러한 노력은 수직적 다원주의를 위한 것이다. 니체는 특히 우리 민주주의 시대의 '평등주의' 이데올로기 때문에 우리 시대는 '전체주의'의 '위험'에 처해 있다고 진단했다. 니체는 이 시대의 위험을 극복하기 위한 대안을 모색했고 그 극복 가능성을 새로운 이상적 인간의 탄생에서 찾았던 것이다.

니체의 이상적 인간상은 귀족적·엘리트적 성격을 띠고 있는 것이 사실이다. 하지만 그렇다고 해서 우리가 니체를 민주주의 자체를 거부한 반민주주의자로 간주하는 것은 무리가 있는 해석이다. 왜냐하면 니체는 프랑스혁명 이전의 귀족제 사회로 돌아가기를 주장하는 것이 아니고 '인민주권'을 부정하거나 인간의 '정치적 불평등'을 주장했다고 볼 수도 없기 때문이다. 니체가 '위계질서'를 이야기할 경우에도, 이때의 위계질서 개념은 '신분질서'나 '계급질서'를 의미하는 것이 아니라 가치·도덕 영역에서의, 구체적으로 말해 인간의 인격의 위계질서를 의미하는 것이다. 니체는 여러 다양한 가치들 속에서 고급의 가치와 저급한 가치의 서열이 존재한다고 믿고 있다. 그리고 더 나아가 어떤 가치를 체화했느냐에 따라 인간의 위계질서가 나타난다고 생각했다. 이때 인간의 위계질서는 최고의 인격과 저급한 인격의 서열을 뜻하는 것으로 풀이된다.

니체가 말하는 이상적 인간상, 즉 귀족적·엘리트적 인간상은 귀족의 신분을 지닌 자, 정치권력을 가진 자를 의미하지 않는다. 그리고 니체가 자유민주주의를 부정하고 상위계급과 하위계급을 구분한 후 상위계급의 지배를 옹호하는 귀족정치를 주장했던 것도 아니다.[9] 니체의 귀족적 인간상은 '평등'이라는 가치가 정치 영역에서 뿐만 아니라 모든 인간의 삶의 영역에서 절대적 가치로 주장될 경우에 야기되는 문제, 즉 인간의 삶을 '평균성'과 '평균인의 유용성(자기보존과 쾌락)'을 척도로 하여 평준화하고 동일화할 때 나타나는 문제, 예컨대 '다양성'과 '고귀함'을 억압하는 '군중의 독재'의 문제를 극복할 수 있는 대안인 것이다. 그것은 바로 고귀한 인격을 지닌 '정신적·문화적 지도자'를 의미한다.

제6부는 이상적 인간상의 성격과 의미를 니체의 민주주의 비판과 관련하여 다루고자 한다. 이를 위해, 우선 니체가 민주주의 시대를 어떻게 파악하고 있는지(제1장)를 살피고, 인간의 위계질서는 어떤 모습을 띠고 있는지(제2장)와 이상적 인간상인 '최고의 인간'은 어떤 성격과 과제를 지녔는지(제3장)를 기술한 후 최고의 인간과 '위대한 정치'와의 관계를 살피고(제4장), 마지막으로 니체철학의 '비정치적' 성격과 문화철학적 성격을 간략하게 서술하고자 한다(제5장).

---

9) 김용찬은 니체의 철학이 '귀족정치'를 고안하고 있다고 비판한다(김용찬, 「니체 철학의 정치적 의미」, 『한국정치학회보』 35집 1호, 한국정치학회 2001, 7~24쪽, 여기서는 22쪽 이하를 참조하라).

제1장 민주주의의 시대 - '평등'의 위험성

니체는 프랑스 혁명을 귀족제에서 민주제로의 완전한 이행을 나타내는 것으로 파악했고 민주화 과정을 역사의 필연적 진행과정으로 받아들였다.[10] 니체는 "민주주의 운동을 피할 수 없는 것"[11]이라고 생각했던 것이다. 현재 우리도 민주주의를 누구도 거부할 수 없는 중요한 정치원리로 이해하고 있고 하나의 종교처럼 절대적으로 받아들이는 것이 사실이다.[12] 그런데 왜 니체는 민주주의를 비판했던 것일까? 니체가 민주주의를 비판하는 몇 가지 이유를 살펴보자.[13]

첫째, 니체는 '민주주의 정치시스템'인 '의회제도'와 '다수결원칙'을 비판적으로 평가한다. 니체는 의회제도 그 자체를 거부했다기보다는 의회주의적 민주주의가 지니고 있는 맹점에 대해 비판적으로 숙고했던 것으로 보인다. 민주주의에서는 무지하고 충동적인 대중이 전제될 경우에는 그릇된 정치지도자가 선출될 수 있고, 이러한 그릇된 정치지도자에 의해 의회가 오용될 수도 있다는 것이 그 맹점이

---

10) 프랑스 혁명에 대한 니체의 평가에 대해서는 Urs Marti, 앞의 책, 8쪽 이하를 참조하라.

11) KSA 11, 456쪽을 참조하라.

12) 민주주의의 개념과 역사에 관해서는 강정인, 『민주주의의 이해』, 서울 2000을 참조하라.

13) 니체의 민주주의에 대한 적대적 표현들은 많은 곳에서 나타나고 있고 이러한 표현들은 다의적으로 해석될 수 있는 것이 사실이다. 여기서는 니체가 민주주의를 비판하는 핵심적인 몇 가지 이유만을 제시하고자 한다. 니체의 민주주의에 대한 기본 입장에 대해서는 Urs Marti, "Demokratie", in: Hennig Ottmann(Hg.) *Nietzsche-Handbuch - Leben, Werk, Wirkung*, Stuttgart/ Weimar 2000, 215~217쪽을 참조하라.

다. 니체는 다음과 같이 말한다. "주의하라! 의회는 강하고 유연한 정치인을 위해 매우 유용한 것일 수 있다. 그는 그것에 자신이 의지할 수 있는 무엇을 갖게 된다. 그는 그것에 많은 책임을 전가시킬 수 있다! 이 모든 것은 **혐오감을 불러일으킬** 것임에 틀림없다! 그리고 기본적으로 나는 숫자의 부조리와 다수에 대한 미신이 라틴 종족에서처럼 독일에서도 아직은 확정되지 않았기를 원한다. 그리고 사람들이 마침내 정치에서 그 어떤 것을 고안하기를 원한다!"[14] 의회제도는 훌륭한 지도자에 의해 보완될 필요가 있는 것이다. 니체는 민주주의 사회에서의 기본적인 결정원칙에 해당하는 다수결의 원칙에 대해 근본적인 회의를 갖고 있다. 니체는 다음과 같이 말한다. "의회제도는 다섯 가지 기본적인 정치적 견해 중에서 어떤 것을 선택할 수 있도록 공적으로 허락하는 제도를 뜻한다. 의회제도는 자주적이고 독특하게 보이길 원하며 자신의 의견을 위해 싸우기를 원하는 많은 사람들의 환심을 사려고 노력한다. 그러나 군중에 하나의 의견이 명령되었건, 아니면 다섯 가지 의견이 허용되었건 간에 이것은 결국 중요한 일이 아니다. 다섯 가지 여론에서 벗어나 옆에 물러서 있는 사람은 항상 군중 전체에 대적하게 된다."[15] 니체는 민주주의에서는 모든 사안의 결정이 결국 '숫자'의 많고 적음에 좌우된다는 사실에 이의를 제기하는 것이다. 왜냐하면 정치적인 사안들이 '군중 본능'과 '군중 심리'에 의해 결정될 수 있기 때문이다. 이와 같이 니체는 민주주의의 '의회제도'가 오용될 수 있는 위험과 민주주의의 '다수결 원칙'이 지닌 위험에 대해 경고했던 것이다.

---

14) KSA 11, 456쪽 이하.

15) KSA 3, 500쪽 이하.

둘째, 니체는 민주주의의 정착과 함께 일어나는 민족국가와 민족주의의 형성에 대해서도 비판적인 태도를 취한다. 니체에 따르면 유럽의 민주화과정은 민족국가를 형성시키고 결국 민족주의를 형성시킬 것이라고 한다. 민주주의자들은 더욱더 민족적 및 민족주의적으로 행동할 것이기 때문이다. 그러나 니체는 이러한 민족주의 경향에 강력히 반대하고 '유럽적인 가치', 더 나아가 '세계적인 가치'를 강조했다. 니체에 따르면 "민족주의의 망상이 유럽의 여러 민족들 사이에 가져다주었고 아직도 지속되고 있는 병적인 소외 때문에, 마찬가지로 오늘날 이 망상에 힘입어 자신들이 추진하고 있는 상호 분리정책이 필연적으로 과도기적인 정책밖에 될 수 없음을 조금도 알아채지 못하는 근시안적이고 성급한 정치가들 때문에, 오늘날에는 말로는 전혀 표현할 수 없는 모든 수많은 것들 때문에, 이제 **유럽이 하나가 되기를 원한다**는 것을 표현하고 있는 가장 명백한 징조들이 간과되거나 제멋대로 기만적으로 다시 해석되고 있다"[16]고 한다. 니체는 민족주의에 대해 분명하게 반대의 입장을 취하는 대신에 유럽의 통일을 주장했다. 니체는 유럽이 각 국가들의 다양성을 기반으로 하여 어떤 통일적인 문화를 성취하기를 기대했다.[17]

셋째, 니체는 민주주의가 도덕적·문화적 차원에 미칠 여러 부정적 영향에 대해 비판적인 시각을 갖고 있다. 바로 이것이 니체가 민주주의를 비판하는 가장 핵심적인 이유이다. 민주주의의 '평등주의'

16) KSA 5, 201쪽.

17) 니체의 '유럽의 통일'에 대한 사유에 관해서는 Elisabeth Kuhn, "Nietzschs 'gute Europäer' und gutes Europa", in: Endre Kiss(Hg.) *Friedrich Nietzsche und die globalen Probleme unserer Zeit*, Cuxhaven/ Dartford 1997, 215~228쪽을 참조하라.

는 "군중 본능과 군중적 가치 평가"를 지배적인 것으로 만들 것인데, 이것이 핵심적인 문제라는 것이다.[18] 니체가 볼 때, 귀족제 사회에서는 가치의 위계질서의 높은 차원에서, 즉 자기보존의 욕망을 넘어서 보다 높은 이상을 추구하는 고귀함의 차원에서 인간의 '평등(Gleichheit)'을 이야기했던 반면에, 민주주의에서는 '평균성(Mittelmaß)'과 '평균인의 유용성'이라는 낮은 차원에서 인간의 '평등'을 추구한다는 것이다. 그리고 민주주의 사회에서는 귀족적인 높은 차원에 도달한 인간들 사이의 평등이라는 관념은 무시될 뿐만 아니라 이제 더 이상 삶의 척도로 존재하지도 않는다는 것이다. 이제 '귀족적' 인간 유형이 주변으로 밀려나고 '평균적인(mittelmäßig)' 인간 유형이 규범적 척도로 설정된다고 한다. 이와 같이 민주주의의 '군중 문화'는 가치의 위계질서(Rangordnung)에 관한 믿음이나 인간의 '고양(Erhöhung)'의 문제를 무시하는데, 그렇게 되면 인간이 자신의 모습을 인격의 높고 낮은 차원에서, 즉 '수직적'인 여러 차원에서 다양하게 나타낼 수 있는 문화 공간(Raum)은 이제 일차원적인 형태로 축소된다는 것이다. 인간의 '고양'을 위한 고귀한 높은 차원의 삶의 공간은 상실되었고 인간의 '위계질서'를 위한 공간도 사라지게 되었다고 한다.[19]

니체에 따르면 민주주의 시대에는 다양한 도덕들이 존재하는 것처럼 보이지만 실제로는 하나의 도덕원리로 환원될 수 있다는 것이다. 자세히 살펴보면 민주주의 시대의 다양한 도덕들은 사실상 '유용성(Nützlichkeit)'의 차원으로 환원된다고 한다. "지금은 실로 많은

18) KSA 11, 456쪽, KAS 13, 238쪽을 참조하라.

19) 이에 관해서는 Gerd Schank, *"Rasse" und "Züchtung" bei Nietzsche*, Berlin/New York 2000, 205쪽 이하를 참조하라.

도덕이 존재한다. 하지만 개개인은 자기도 모르는 사이에 자신에게 가장 유용한 도덕을 선택한다."[20] 결국 민주주의 시대에는 유용성의 차원을 넘어 인간을 고양시키는 '도덕'이나 가치의 문제는 더 이상 중심사안이 아닌 것이다. 니체가 볼 때 민주화 과정에서 흔히 나타나는 "인간화의 요구는 (...) 아주 특정한 유형의 인간이, 더 정확히는 아주 특정한 본능이, 즉 **군중 본능**(Heerdeninstinkt)이 지배권을 가지려고 노력할 때 가장하는 하나의 위선이다."[21] 그리고 '인간의 평등'은 더욱더 인간을 동일하게 만들려는 경향이 그 안에 숨겨져 있다고 보고 있다.[22]

니체에 따르면 민주주의와 자본주의 및 과학기술의 발전 사이에는 중요한 상관관계가 있다. 민주주의 시대는 과학기술과 자본주의가 더욱더 발전할 수 있는 환경을 조성하기 때문이다. 과학기술과 자본주의는 '평균성'의 조건 속에서만 잘 발전할 수 있는데, 바로 민주주의가 그러한 조건을 만들어낸다는 것이다. 니체는 다음과 같이 말한다. "수공업, 상업, 농업, 학문, 대부분의 예술, 이러한 모든 것은 넓은 지반에서만, 즉 강력하고 건강하게 공고해진 평균성(Mittelmäßigkeit) 위에서만 가능하다. **학문**은 이것에 봉사하고 이것의 봉사를 받으면서 작업을 하는데, 예술도 마찬가지이다. 학문은 그 이상을 희망할 수 없다. 이러한 학문은 평균 유형의 인간에 속하며, 학문은 예외자들에게는 어울리지 않는다. 학문은 본능적으로 귀족적인 것을 전혀 갖고 있지 않고 여기에 아나키스트적인 것은 더욱 없다. 평균의 힘은 상거래를 통해, 특히 돈거래를 통해 유지된다. 위대

20) KSA 9, 124쪽.

21) KSA 12, 438쪽.

22) KSA 12, 438쪽을 참조하라.

한 재정가의 본능은 모든 극단적인 것에 역행하는 법이다."[23]

니체는 근대의 민주화 과정에서 나타난 '개인주의'를 '진정한 의미의' 개인주의로 평가하지 않는다. 이 개인주의는 "**아주 위대한 인간**을 거부하고 대략 동등한 자들 사이에서 가장 섬세한 눈과 어떤 재능에 대한 가장 신속한 인식을 요구"[24]할 뿐이기 때문이다. 니체가 볼 때 이러한 개인주의에서 말하는 개인은 군중 안에서의 개인을 의미할 뿐이다. 근대의 개인주의는 '평균성' 안에서의 개인주의에 불과한 것이다. 근대의 개인주의의 성격은 독특한 개성을 추구하는 것도, 고귀하고 위대한 인격성을 추구하는 것도 아니기 때문에 표면상의 개인주의로 해석되었다.

그러나 니체는 유럽의 민주화과정에 대해 비관적인 진단만을 내린 것은 아니다. 니체는 민주화의 과정을 통해 새롭게 형성된 정치적·사회적·문화적 조건 속에서 새로운 형태의 인간 유형이 탄생할 뿐만 아니라 요청될 것임에 틀림없다는 희망적인 예견을 했기 때문이다. 니체는 귀족제 사회의 몰락과 민주주의의 등장은 두 개의 새로운 인간 유형을 산출할 것이라고 생각했다. 한편으로는 귀족주의 도덕의 후퇴와 '평균성'과 '유용성'의 가치가 지배함으로써 '군중적 인간' 유형이 탄생할 것이지만, 다른 한편으로는 역설적이게도 이러한 과정 속에서 '예외적 인간', 다시 말해 '최고의 인간'이 탄생할 것이라고 예견한다. "부분적으로는 곤궁이, 부분적으로는 우연이 여기저기서 만들어낸 것은 **좀더 강한 종**을 산출하기 위한 조건들이다. 우리는 이것을 지금 파악할 수 있으며 의식적으로 **원할** 수도 있다.

23) KSA 13, 368쪽 이하.

24) KSA 11, 642쪽.

우리는 그러한 고양을 가능하게 하는 여러 조건들을 만들 수 있다."[25] 니체는 다른 곳에서도 마찬가지로 이렇게 말한다. "인간을 평균성 속에서 평준화하고 평범화하는 그러한 새로운 조건들, 그리고 유용하고 근면하며 다양하게 써먹을 수 있는 재주 있는 군중 동물적 인간은 가장 위험하고 매력적인 성질을 지닌 예외적 인간을 발생시키는 데 아주 적합하다"[26]는 것이다. 따라서 "유럽의 민주화는 본의 아니게 전제적 지배자를 길러내는 것을 준비하는 것"이 되는데, "전제적 지배자란 용어는 모든 차원에서 이해될 것이며 가장 정신적인 차원에서도 이해될 것"[27]이라고 한다. 니체에 따르면 민주주의 시대에는 새로운 유형의 인간이 지도자로서 요청될 것이라고 한다. 즉 평균적이고 평준화된 인간과 다른 '예외적 인간', 말하자면 '정신적으로 고귀한 귀족적 인간'이 지도자로서 요청될 것이고 이러한 '최고의 인간'이야말로 인간의 고양을 표현할 것이라고 보고 있다.[28] 그렇다면 군중들과 다른 이러한 유형의 인간은 어떤 모습을 띠며 어떤 과제를 가지고 있다는 말인가?

25) KSA 12, 424쪽. 샤크는 니체의 종족(Rasse) 개념이 생물학적 인종 개념이 아니라 인간 유형 개념을 뜻하는 것임을 니체의 저작을 상세히 인용하면서 체계적으로 밝혀냈다(Gerd Schank, 앞의 책, 특히 261쪽을 참조하라).

26) KSA 5, 183쪽.

27) KSA 5, 183쪽.

28) KSA 5, 183쪽을 참조하라.

제2장 인간의 위계질서 - 강자와 약자

우선 니체가 말한 가치와 인간의 위계질서에 대해 살펴보자. 니체가 '평등'을 최상의 가치로 삼고 있는 민주주의 사회에서 '불평등'을 함축하는 '위계질서'라든지 '최고의 인간'이라는 개념을 사용한다면 그는 반민주주의자가 아닌가? 니체는 다시 예전의 귀족제 사회로 돌아가 예전의 귀족도덕과 귀족적 인간을 재생시켜야만 한다는 주장을 한 것일까? 니체는 민주주의 시대에 왜 인간의 위계질서나 가치의 위계질서를 고안하려 하는가?

니체에 따르면 귀족제 사회에서 최고의 인간 유형이 가능했다고 한다. "인간 유형을 향상시키는 모든 일은 지금까지 귀족적인 사회의 일이었다. 그리고 앞으로도 항상 그렇게 반복될 것이다. 이와 같은 사회는 인간과 인간 사이의 위계질서나 가치의 차이의 긴 사다리를 믿어왔고 어떤 의미에서 노예제도를 필요로 했다. (...) 복종과 명령, 억압과 거리두기의 끊임없는 연습에서 생겨나는 거리의 파토스가 없었다면, 저 다른 더욱 신비한 파토스, 즉 영혼 자체의 내부에서 점점 더 새로운 거리를 확대하고자 하는 요구는 전혀 생겨나지 못했을 것이다. 그 거리의 파토스가 없었다면, 점점 더 높고 더 드물고 더 멀리 더 폭넓게 긴장시키는 더 광범위한 상태의 형성은, 간단히 말해 인간 유형의 '고양'은, 비도덕적 의미에서 도덕의 형식을 취해 말한다면, 지속적인 인간의 자기극복은 전혀 생겨나지 않았을 것이다."[29]

그러나 프랑스 혁명의 결과 동등한 권리의 요구가 형성되고 인

29) KSA 5, 205쪽.

간의 동등성에 대한 믿음이 관철되면서 위계질서에 대한 믿음은 사라졌다. 니체에 따르면 이러한 과정 속에서 노예적 가치 내지 노예적 도덕이 주인도덕에 대해 승리를 거두었고 모든 것이 '천민화'되었다고 한다. 니체가 '노예도덕의 승리'나 '천민화'란 개념들을 사용하고 있다고 해서 니체가 전근대적인 귀족주의를 주장하는 것으로 오해해서는 안 될 것이다. '노예도덕의 승리'나 '천민화'가 함축하고 있는 핵심 내용은 모든 가치들이 인간의 '자기보존의 본능'에 봉사하는 '유용성'과 '평균성' 위에서 확립되었다는 점에 있다. 이제 "동정, 도움을 주는 호의적인 손, 따뜻한 마음, 인내, 근면, 겸손, 친절이 칭송된다. 이것들은 여기서 생존의 압력을 견디기 위한 가장 유용한 성질이며 거의 유일한 수단이기 때문이다." 따라서 "노예도덕은 본질적으로 유용성의 도덕이다."[30] 니체는 인간의 자기보존의 본능에 봉사하는 유용성의 도덕을 노예도덕으로 보았고 여기서의 '선'이란 인간의 안전과 안락에 봉사하는 가치에 불과하다고 보았다. 니체는 자기보존에 유용한지에 따라 선과 악의 구분이 생겨난다고 보고 있다. 노예도덕이 "선과 악의 그 유명한 대립이 발생되는 발생지이다. 즉 힘과 위험은 악으로 간주된다. 즉, 경멸을 일으키지 않는 일종의 공포, 정교함, 강함이 악으로 간주된다. 다시 말해 노예의 도덕에 따르면 '악인'이란 공포를 불러일으키는 자이다."[31] 민주화와 함께 노예도덕이 지배적인 가치의 자리를 차지하게 된 후, 순응하며 타협하며 '선량하게' 자기보존과 쾌락의 충족을 위해 성실히 살아가는 이러한 '민주주의적·공리주의적' 인간 유형, 이러한 동일하고 차

30) KSA 5, 211쪽.

31) KSA 5, 211쪽.

이가 없는, 평균적이고 평범한 인간 유형이 가장 바람직한 인간 유형으로 권장되었던 것이다.

이제 모든 사람들은 유용성과 평균성의 도덕 안에 놓여 있고 그 반면에 인간의 위계질서에 대한 믿음과 인간의 고양을 위한 공간, 다시 말해 그러한 문화의 세계는 없어졌다. "혁명과 평등권의 수립과 '평등한 인간'에 대한 미신의 결과로서" "**사회적인 잡탕**"이 등장했다고 한다. "이때 오랫동안 **하위 계층에 있던** 사람들의 노예적 본능, 비겁한 본능, 교활한 본능, 천민적 본능도 포함해, 쇠퇴 본능(원한, 불만족, 파괴충동, 아나키즘, 허무주의)의 담지자가 모든 계층의 혈액 속으로 투입되어 뒤섞인다. 두세 세대가 지나면 혈통은 더 이상 분별될 수 없게 된다. 모든 것의 천민화가 이루어진다."[32] 민주주의 시대에 위계질서의 몰락은 자명한 것이다. "그러면 일종의 다수의 우세가, 그리고 선택된 자들이나 희귀한 자들에 대해서 가치가 적은 종류의 인간의 우세가 등장하고, 모든 가치 평가 중 민주주의적 근본 취향이 나타나게 된다. 결국 이 민주주의적 근본 취향에서는 위대한 것이나 위대한 인간에 대한 믿음은 회의로, 마침내 불신으로 변하게 되고 그것은 위대한 것이 사라지는 원인이 된다."[33] 그러나 니체는 인간의 위계질서가 가능한 것이라고 생각했고 또한 필요한 것이라고 생각했다.

니체는 '강자'와 '약자'를 구분한다. 필자가 볼 때, 이러한 구분의 결정적 기준은 인간이 삶과 세계를 어떻게 대하고 있는가 하는 '삶의 태도(Lebenshaltung)'이다. 그렇다면 니체가 말하는 약자는 어떤

32) KSA 13, 367쪽.

33) KSA 11, 518쪽.

종류의 인간인가? 약자[34]는 현실의 고통, 모순성, 다양성 등으로부터 도피해 평균적인 군중 속에 자신을 숨기는 자들이다. 니체에 따르면 이러한 약자, 평균적인 자의 유형은 자신들의 보존에 유용한 일면만을 이상으로 삼는 자이다. 니체는 평균적인 인간의 특성은 "그가 **사태의 이면**을 필수적인 것으로 이해하지 않는다는 것, 그가 마치 나쁜 상태와 무관하게 살 수 있다는 듯이 나쁜 상태와 싸운다는 것, 그가 어느 한쪽을 다른 쪽과 함께 받아들이려 하지 않는다는 것, 그가 하나의 **사물**, 상태, 시기, 인격의 특성 중에서 일부만을 시인하고 다른 부분들은 제거함으로써 그것들의 **전형적인 특성**을 지우고 없애길 원한다는 것"에 있다고 한다. "평균적인 자들의 소망사항"은 안전과 평화이다. "그들은 그 어떤 해로운 것, 악한 것, 위험한 것, 의문의 여지가 있는 것, 파괴하는 것이 전혀 존재하지 않는 상황을 이상적인 상황으로 파악한다"[35]는 것이다. 약자의 이러한 태도는 '삶'의 역동성과 다양성을 간과하는 것을 넘어 그것에 대해 적대적인 형태를 취한다. 니체는 바로 민주주의 시대의 '공리주의적' 인간 유형을 약자의 대표적인 인간 유형으로 간주하고 이 유형을 '새로운' 노예적 인간 유형으로 규정한다. "노예들의 징표"는 "도구적인 본성과 무정하고 유용하다는 점"에 있다고 한다. 그리고 니체는 다음과 같이 말한다. "나는 모든 공리주의자들을 **무의식적인 노예**라고 본다. **파편적** 인간들, 이것이 노예들을 표현하는 말이다."[36] 니체에 따르면 약자는 평균성을 추구하면서 세계와 삶의 일면만을

---

34) 역사 속에서 약자가 승리하게 된 이유에 관해서는 KSA 3, 365쪽을 참조하라.

35) KSA 12, 519쪽 이하.

36) KSA 11, 75쪽.

보려하고 안전과 욕망 충족에 유용한 가치만을 믿고 파편적인 인간으로 살아가는 자이다. 니체는 자기보존과 욕망 충족에 유용한 가치, 즉 공리주의적 가치를 대표적인 약자의 가치로 규정하고 있다.

그렇다면 강자는 어떤 종류의 인간인가? 강자는 기본적으로 세계와 삶을 그야말로 있는 그대로 긍정하는 힘을 가진 자이다.[37] "강한 종들은 자신들이 풍부한 힘과 넘쳐날 듯이 풍요로운 힘을 갖고 있는 동안에는 사물들의 있는 그대로의 모습을 보려는 용기가 있다. 그것은 비극적이다"[38]라고 니체는 말한다. 강자는 현실을 외면하지 않고 가장 포괄적인 체험을 한 자로 묘사되고 있다.[39] 이 강자는 현실의 모든 면에 대한 이해가 뛰어나기 때문에 가장 현명한 자인 것이다. 그는 "누구보다도 모순으로 가득 찬 사람, 말하자면 온갖 유형의 인간에 대한 촉각 기관을 지닌 사람"[40]이다. 니체의 저작들에서, 특히 그의 『유고』들에서 나타나는 강자는 세계의 모든 차이와 모순을 경험하고 내적으로 소화해 종합하는 자이다. 강자는 여러 관점들을 하나의 관점으로 환원시키는 것이 아니라 다양성을 자신 안에서 유지하면서 종합하는 자이다. 이러한 강자는 결국 자신 속에서 '아름다움', '용기', '문화'를 나타낸다고 한다.

이렇게 볼 때 니체의 강자는 정치권력을 획득한 자가 아니다. 그리고 니체의 강자는 강력한 '권력의 의지'를 갖고 권력을 추구하는 자로 이해되어서도 안 된다. 물론 니체는 모든 존재자의 본성을 '힘에의 의지(Wille zur Macht)'로 '해석'한 것은 사실이다. 하지만 '힘

37) KSA 11, 214쪽을 참조하라.

38) KSA 13, 228쪽.

39) KSA 11, 519쪽을 참조하라.

40) KSA 11, 182쪽.

에의 의지'를 곧바로 '권력의 의지'와 동일한 것으로 간주하는 것은 무리가 있다. 왜냐하면 '힘에의 의지'가 정치의 영역에서 나타날 경우에만 '권력의 의지'로 해석될 수 있기 때문이다. 인간의 '힘에의 의지'가 예컨대 예술의 영역에서 나타날 경우에는 어떤 예술적 힘, 즉 어떤 예술적 위대성을 추구하는 것으로 등장할 것이다. 강자의 개념과 '권력에의 의지' 개념 사이에 필연적인 상관관계는 존재하지 않는다.

니체는 민주주의의 평등주의와 동일화의 요구를 넘어 다원주의를 존중하는 삶의 방식을 추구했지만 여기에 머물지 않고 더 나아가 가치들의 위계질서[41]를 새롭게 고안하고자 했다. 가치들은 다양하게 존재할 뿐만 아니라 상위의 가치와 하위의 가치로 그 서열을 구분할 수 있다는 것이다. 하지만 니체는 강자의 가치가 어떤 것인지를 명확하게 설명하지는 않았다. 다만 강자의 유형을 말하면서 강자의 가치는 이러한 강자가 표현하는 가치라고 말할 뿐이다. 강자는 군중의 유용성과 평균성의 이데올로기에 매몰되지 않고 세계와 삶의 다원성과 모순성과 위험성을 있는 그대로 받아들이며 동시에 고귀함과 위대함을 추구하는 자들이라면, 그 반면에 약자는 세계와 삶의 그러한 성격을 외면하고 군중의 평균성과 유용성의 가치 속에서 육체적 안전과 세세한 욕구만을 추구하는 자이다. 니체는 이러한 관점에서 강자가 '창조할' '새로운 귀족적' 가치를 더 상위의 가치로 보았다. 이것은 '비정치적인' 차원에서의 위계질서이다. 다시 말해 이것은 인간의 물질적 욕구 충족과 육체적 안전에 기여하는 기능적인 '문명'세계와 인간의 고양을 추구하는 예술적인 '문화'세계 사이

---

41) KSA 12, 212쪽.

의 위계질서로 나타날 것이다.

제3장 이상적 인간상 - '최고의 인간'

니체는 『차라투스트라는 이렇게 말했다』에서 이상적 인간 유형으로 '초인(Übermensch)'을 역설했다.[42] '초인'의 문학적인 그리고 신비적인 모습을 벗긴다면, 그것은 바로 '최고의 인간(höherer Mensch)' 개념[43]일 것이다. 우리는 니체의 『유고』의 많은 곳에서 이 '최고의 인간'의 개념을 규정하려는 그의 수많은 시도와 이 인간 유형이 근대 민주주의 사회에서 해야 할 역할 등에 대한 그의 숙고의 흔적을 찾아 볼 수 있다.[44] 바로 '최고의 인간'이 니체가 말한 '강자'의 모

---

42) 니체의 '초인(Übermensch)'을 자율성과 진정성을 지닌 인격적 이상형으로 해석한, 최근의 설득력 있는 글로는 스테켈러-바이트호퍼의 논문을 들 수 있다 (Pirmin Stekeler-Weithofer, "Lebenswelt und Menschenzoo - Nietzsches Ethik des Überstiegs vom Bedürfniswesen zur authentischen Person", in: Volker Gerhardt/ Renate Reschke(Hg.) *Ästhetik und Ethik nach Nietzsche*, Berlin 2003, 65~80쪽을 참조하라). 니체의 '초인' 개념이 형성되게 된 역사적·사상사적 배경에 관해서는 정동호, 「위버멘쉬는 누구인가」, 『니이체철학의 현대적 조명』, 정동호(편집), 서울 1992, 215~256쪽을 참조하라. '초인'을 자기 극복의 측면에서 분석한 논문으로는 성진기, 「니체의 철학적 인간학」, 『철학연구』95집, 대한철학회 2005, 193~215쪽, 특히 211쪽 이하를 참조하라.

43) 'Höherer Mensch'를 직역하면 그것은 '보다 높은 인간', '보다 상위의 인간'일 것이다. 그러나 여기서는 '최후의 인간(Letzter Mensch)'와 대립되는 의미를 강조하기 위해 '최고의 인간'으로 번역하고자 한다.

44) '최고의 인간'을 반민주주의적이고 권력지향주의적으로 해석하면서 니체를 비판하는 대표적인 책 중 하나는 Margot Fleischer, *Der 'Sinn der Erde' und die Entzauberung des Übermenschen. Eine Auseinandersetzung mit Nietzsche*,

범적 형태이다. '최고의 인간'은 니체가 말하는 '약자', '평균적 인간', '군중적 인간', '최후의 인간'에 대립되는 인간상일 뿐만 아니라 더 우위에 있는 인간상인 것이다. 앞서 말했듯이, 니체에 따르면 '최고의 인간'은 민주주의 사회에서 필연적으로 탄생할 수밖에 없는 인간 유형이라고 보고 있다. 군중들에게 '새로운' '다른' 삶의 방향을 가리키고 목적을 제시할 수 있는 자들이 요청될 것이기 때문이다. 니체에 따르면 이들이야말로 군중들이 지배하는 전체주의적 민주주의에 대항하여 진정한 다원주의를 열고 더 나아가 '고양된' 인간 유형을 보여주는 자들이다.

니체는 위대함이나 고귀함이란 것이 불가능할지도 모른다고 회의하기도 했는데, 다음과 같은 구절에서 알 수 있다. "많은 유형의 **위대한 인간들**은 아마도 이제 **더 이상 가능하지 않은 것인가**? 예컨대 **성자**가 그렇다. 아마 **철학자**도 역시 그럴 것이다. 결국 **천재**도 그렇단 말인가? 인간과 인간 사이의 엄청난 거리의 상태가 아마 줄어든 것일까? 적어도 이러한 거리의 **감정**은 줄어들었고, 그 결과로서 보다 적게 냉혹한 태도와 훈육이 존재하게 되고, 그 덕분에 인간 역시 더 이상 과거처럼 그렇게 높이 이 거리의 감정을 갖지는 못하게 된다."[45] 하지만 니체에 따르면 "우리는 인간의 위대성이라는 새로운 개념을 필요로 한다." 그리고 니체는 더 나아가 "우리는 이 위대성에 도달할 수 있는 능력이 있으나 우리 가운데 대부분의 사람들은 그것으로부터 깊이 분리되어 있다"[46]는 데 문제가 있다고 판단한다.[47]

Darmstadt 1997을 들 수 있다. 특히 이 책의 180쪽 이하를 참조하라.

45) KSA 11, 519쪽 이하.

46) KSA 11, 519쪽 이하.

니체에 따르면 민주주의 세계는 인간을 단순히 전문적 기능인으로 만들고 '보편성'의 이름으로 '평균성'을 추구하는 인간을 만들어낸다고 한다. "이러한 민주주의적 세계는 모든 사람을 **전문성**으로 전환시킨다. 따라서 오늘날 위대성이란 **보편성 속에서 존재하는 것**이다." 그리고 이렇게 보편적으로 존재한다는 것이 바로 "군중 동물을 발달시키는" 원인이 되는 것이다. 이와 반대로 우리는 "강한 의지"를 갖고 "홀로 선다는 것이나 자신의 힘으로 산다는 것"에서 "위대성"을 생각할 수 있다고 한다. "가장 포괄적인 인간은 혼자서 가고 군중 본능을 갖지 않으며, 그로 하여금 많은 변화를 갖게 하며 지칠 줄 모르고 삶의 새로운 심연으로 들어가게 하는 억제할 수 없는 의지를 가지고 있다."[48)]

니체에 따르면 '최고의 인간'은 "인간 삶의 모순적 성격을 가장 강하게, 말하자면 인간 삶의 영광으로, 또는 인간 삶을 유일하게 정당화시키는 것으로 드러내는 자"인 것이다. "대부분의 사람들은 인간을 단편적이고 개별적으로 제시하지만" 최고의 인간 속에서는 "이 단편들과 개별적인 것들이 한데 모여"진 그러한 "종합적인 인간"을 뜻한다.[49)] 이들은 군중들과 거리를 두고 독립해 있지만, 바로 이들이 군중들에게 새로운 목적과 목표를 제시하는 사람들이라고 니체는 보고 있다. 니체는 다음과 같이 말한다. "위계질서: 최상의 소질

---

47) 아놀드 겔렌에 따르면 니체가 말한 이러한 위대한 인간 유형은 현대의 과학기술-산업시대에서는 더 이상 가능하지 않다고 한다. 따라서 그는 역사는 종말에 이르렀다는 '탈역사(Posthistoire)' 테제를 주장했다(Arnold Gehlen, "Ende der Geschichte?", in: Arnol Gehlen, *Einblicke*, Ftankfurt am Main 1975, 115~133쪽)을 참조하라.

48) KSA 11, 519쪽 이하.

49) KSA 12, 520쪽.

들을 발휘함으로써 가치를 **확정**하고 수천 년 지속될 의지를 이끌어 나가는 자가 최고의 인간이다."[50]

니체에 따르면 '최고의 인간'은 어느 누구나 자신의 노력에 따라 도달될 수 있는 인간 유형이다. '최고의 인간'은 미리 신분적으로나 계급적으로 주어지는 것이 아니다. 특히 "그들은 가장 천하고 사회적으로 가장 많이 포기된 요소들 안에서 가장 자주 번성한다. **인격체**를 찾는다면, 중간 계층에서보다도 훨씬 더 확실하게 거기에서 발견할 것"[51]이라고 한다. '최고의 인간'은 주어져 있는 것이 아니라 형성되는 것이라는 점을 니체는 여러 곳에서 강조했다.[52]

제4장 최고의 인간, 자기 고양, 그리고 '위대한 정치'

니체가 근대의 민주주의의 '평등주의' 문화, 그리고 이와 함께 발전해 나가는 과학기술과 자본주의 문화에서 가장 관심을 두었던 것은 인간이 자신의 안전과 물질적 욕망의 추구의 차원에서 매몰되어 좀 더 높은 차원의 삶에 도달하지 못하는 현상이었다. 니체는 근대인의 평준화과정을 저지하려고 하기 보다는 그 과정에서 일어날 시대의 요구를 읽고 그것을 대비하고자 했던 것이다. 니체는 다음과 같이 말한다. "유럽인의 평준화는 저지될 수 없는 거대한 흐름이다. 이 과정을 더욱 가속화시켜야 한다. 이로써 차이의 형성, 거리감, 위

50) KSA 11, 106쪽. 이에 관해서는 KSA 5, 144쪽 이하를 참조하라.

51) KSA 12, 493쪽 이하.

52) 예컨대 KSA 12, 493쪽 이하를 참조하라.

계질서가 필요하게 될 것이다. 위 과정을 느리게 하는 것이 필요한 것이 아니다."[53] 이러한 관점에서 니체는 '최고의 인간' 유형을 고안했던 것이다.

니체의 철학적 관심사는 근대성을 비판하고 다원주의적 세계관과 가치관을 확립하는 문제뿐만이 아니라 어떻게 하면 인간을 '고양'시킬 수 있는지의 문제였다. 앞서 말했듯이 이러한 시도를 '수직적 다원주의'의 추구라고 표현할 수 있을 것이다. 여기서 중요한 것은 니체가 인간의 고양은 정치적 권력의 획득을 통해서 이루어지는 것이 아니라고 확신한 사실이다. "'인간'이라는 식물은 어떤 조건 속에서 가장 강하게 고귀하게 성장해 나가는지의 문제에 몰두하고 있는 사람에게, 그러한 쪽에 몰두하고 있는 사람에게 새로운 정치적 권력의 출현은, 이 권력이 새로운 사상을 제기하지 못하는 경우, 아직은 사건이 아니다."[54] 이와 같이 니체의 경우 인간의 고양의 문제에 있어서 중요한 것은 정치적 권력의 문제가 아니라 예술적 문화 세계를 건설하는 정신적인 힘의 문제이다.

니체는 현재의 교육은 인간의 고양과는 아무런 관련이 없는 것으로 보았다.[55] 현재의 교육은 민주주의 및 자본주의 사회에 잘 적응할 수 있는 기능적 인간의 양성에만 관심을 갖고 있기 때문이다. "지금까지 '교육'은 사회의 이익을 염두에 두고 있었다. 그것은 미래

53) KSA 12, 425쪽 이하.

54) KSA 11, 469쪽.

55) 니체의 현대의 교육에 대한 비판적 평가에 관해서는 Caroline Heinrich, "Über die gegenwärtige Lage unserer Bildungsanstalten", in: Renate Reschke (Hg.) *Nietzsche - Radikalaufklärer oder radikaler Gegenaufklärer?*, Berlin 2004, 343~349쪽을 참조하라.

를 위한 가능한 한 최상의 이익이 **아니라** 지금 현존하는 사회의 이익을 염두에 두고 있었다. 사람들은 사회를 위한 '도구'를 필요로 했다."[56] 교육의 목적은 "인간의 길들이기(Zähmung des Menschen)"이고 따라서 "인간의 왜소화(Verkleinerung des Menschen)"[57]인 것이다.

인간의 고양은 어떻게 가능한가? '최고의 인간'은 어떻게 형성될 수 있는가? 니체에 따르면 인간의 고양은 끝임 없는 '자기극복'을 통해서 이루어진다고 보았다.[58] 예전의 귀족도덕이 힘을 상실하고 나서, 그리고 현재의 교육이 진정한 교육이 되지 못한 상황에서 인간은 스스로의 예술적·문화적 삶을 통해 새로운 '귀족적' 가치를 창조하면서 자신을 고양시켜야 하는 과제를 안게 되었다는 것이다. 즉 인간의 고양은 이제 스스로의 끝임 없는 자기 극복과 예술적인 자기 형성을 통해 이루어진다.

'최고의 인간'으로 나아가려는 자는 '단편성'과 '전문성'을 넘어 보다 광범위한 체험과 전체적 시각을 갖고 세계와 삶의 여러 모순들을 함께 담아 새로운 '종합'을 추구하는 자이다. '최고의 인간'은 고귀한 자로서 군중과 '거리의 감정'을 갖지만 "자기 자신 안에 있는 강자를 존경하며, 또한 자기 자신을 지배할 힘이 있는 자, 말하고 침묵하는 법을 아는 자, 기꺼이 자신에 대해 준엄하고 엄격하고 그리고 준엄하고 엄격한 자를 존경하는 자"[59]이기도 하다. '최고의 인간'의 중요한 과제는 "의지, 책임감, 자신감, 목표 설정 능력"을 갖고 "**고유한 삶의 영역**을 가지며, 아름다움과 용기와 문화와 가장

56) KSA 12, 425쪽 이하.

57) KSA 12, 425쪽.

58) KSA 5, 205쪽을 참조하라.

59) KSA 5, 210쪽.

정신적인 것에 이르는 태도를"[60] 보여주는 전형으로 존재하는 것이다. 니체의 최고의 인간은 근대의 '기능적' 권위가 아니라 '인격적' 권위를 지닌, 어떤 '도덕적·문화적 엘리트'를 뜻한다고 할 수 있다. 이러한 '새로운 귀족'으로서의 '최고의 인간'에게 부여된 과제는 정치적인 지도자의 역할보다는 새로운 '고급' 문화의 창조자, 그리고 문화적 지도자의 역할이라고 할 수 있다.

니체는 '최고의 인간', 즉 자기극복을 통한 인간의 고양된 모습이 고립되어 있는 것으로 보지 않았다. 니체는 고양된 인간의 모습, 즉 '최고의 인간'은 문화에 영향을 미치거나 새로운 문화를 만들어 낼 것이라고 예견했다. 따라서 니체는 '최고의 인간'들의 정신적 전쟁 내지 문화적 전쟁이 도래할 것이라고 예견한다. 이것이 바로 니체가 말한 '위대한 정치'이다.

니체의 '위대한 정치'는 정치적 권력을 추구하는 정치와 관계가 없고 또한 민족주의나 제국주의와도 관계가 없는 것이다. 니체는 "민족이기주의나 종족이기주의로의 저주받을 만한 선동보다 더 깊이 나의 과제의 숭고한 의미를 손상시키는 것은 없을 것이다. 왜냐하면 이 선동이 현재 '위대한 정치'라는 이름에 대해 권리를 요구하고 있기 때문"[61]이라고 말한다. 그리고 니체의 '위대한 정치'는 전쟁을 일으킨다는 '은유'를 사용하고 있지만 이 전쟁은 민족 사이의 전쟁이거나 신분 사이의 전쟁도 아니고 계층 사이의 전쟁도 아니다. "상승과 하강 사이의 전쟁, 삶에의 의지와 삶에 대한 **복수심** 사이의 전쟁, 정직과 음흉한 거짓 사이의 전쟁"[62]으로 묘사된 '위대한 정치'

60) KSA 12, 425쪽 이하.

61) KSA 13, 640쪽. KSA 13, 643쪽 이하를 참조하라.

62) KSA 13, 637쪽.

의 전쟁은 세계관과 가치관의 전쟁을 뜻한다. 말하자면 이 '위대한 정치'는 정신의 전쟁, 즉 문화의 전쟁을 뜻하고 있는 것이다. "정치라는 개념은 완전히 정신들 간의 전쟁이 될 것이다. 모든 권력 조직은 사라져버리게 될 것이다. 아직까지 지상에 단 한번도 존재하지 않았던 전대미문의 전쟁이 시작될 것이다"63)라고 니체는 말한다.

'위대한 정치'는 '민족국가' 단위의 '작은 정치'를 넘어서 유럽 전체를 배경으로 하여 이루어지는 것이며, '유럽'은 이러한 과정을 통해 하나가 되기를 희망할 것이라고 니체는 말한다. 그리고 더 나아가 니체는 '위대한 정치'는 전체 인류의 문화전쟁으로 나아갈 것이라고 주장한다. '위대한 정치'는 "인류를 전체로서, 그리고 고귀한 존재로서 훈육할 정도로 강한 **힘**을 창출"64)하려 한다는 것이다.

제5장 니체철학의 문화철학적 성격

우리는 니체철학에서 민주주의가 왜 문제시되는지, 그리고 니체가 생각하는 위계질서는 어떤 것인지, 왜 이상적 인간상이 요청되고 왜 '귀족적' 성격을 띠게 되는지, 이 이상적 인간상에게 어떤 과제가 부여되는지, 그리고 이 이상적 인간상과 '위대한 정치' 사이에는 어떤 연관성이 있는지에 대해 살펴보았다.

앞서 보았듯이, 니체는 근대화와 민주화 과정에서 생겨난 '문명의 부정적 측면'을 극복하려고 했다. 그가 특히 관심을 두었던 것은

---

63) KSA 13, 640쪽.

64) KSA 13, 638쪽.

민주주의의 '평등주의' 이데올로기가 유럽에 미칠 부정적 영향, 즉 고귀한 인간 유형과 고귀한 인간 삶의 상실의 문제였다. 니체는 '동등한 권리에의 요구'가 문화적인 차원에서 '동일한 욕망에의 요구'로 나아가는 것에 대해, 다시 말해 우리의 삶이 안전한 자기 보존과 물질적인 자기만족의 차원으로 획일화되고 하향 평준화되는 현상에 대해 숙고했고, 그 대안으로 차이를 존중하며 더 나아가 고귀한 문화를 추구하는 이상적 인간상을 고안하려고 했던 것이다. 니체는 이상적 인간상을 제시하는 자신의 철학적 행위는 '미래' 시대의 필연적 요청에 부응하는 것이라고 이해했다.

니체의 이러한 문제의식은 아직까지 우리에게 현재성을 띠고 있는 것은 아닐까? 왜냐하면 우리는 '과도한 평등주의'와 '천민자본주의'에 매몰되어 있는 것처럼 보이기 때문이다. 현재 우리에게는 세계관과 가치관의 차이성을 인정하는 다원주의가 더욱 공고화되는 것이 필요한 것은 물론 더 나아가 우리의 삶의 '고양'에 자극제와 촉매제가 되는 그러한 '문화'가 필요한 것은 아닐까? 그러한 문화적 삶을 시도하는 사람들이 더욱더 많아지기를 요청해야만 하는 것은 아닐까?

니체의 새로운 이상적 인간 유형은 '새로운 귀족'[65]으로 표현될 수 있을 것이다. 이러한 인간 유형은 자기보존과 물질적 욕망 충족에 봉사하는 '유용성'과 '평균성'의 차원을 넘어서 **'새로운 귀족적'** 가치를 추구하기 때문이다. 이와 같이 니체가 이상적으로 생각하는 인간상이 '귀족적'인 성격을 띠고 있는 것은 사실이지만 과거의 '귀

65) 이에 관해서는 Reinhart Maurer, "Nietzsche und die kritische Theorie", in: E. Behler/ E. Heftrich/ W. Müller-Lauter(Hg.) *Nietzsche-Studien* 10/11, Berlin/New York 1981/82, 34~79쪽, 특히 54쪽과 57쪽을 참조하라.

족계급'의 모습을 띠고 있는 것은 아니다. 그리고 니체가 말하는 위계질서는 도덕적·문화적인 차원에서의, 이러한 '비정치적인' 차원에서의 위계질서이다. 앞서 논의했듯이, 니체는 민주주의 자체를 거부한 것이 아니라 민주주의로부터 야기될 여러 위험성에 대해 숙고했던 것이다. 따라서 니체의 진정한 철학적 문제의식을 이해하고 인정한다면, 니체의 글들의 많은 곳에서 반민주주의적인 표현들을 찾을 수 있다고 할지라도 그를 반민주주의자, 심지어 파시스트로 해석하는 것은 경솔한 니체 해석이라고 할 수 있다.

니체 스스로는 기본적으로 '비정치적인' 삶의 태도를 취하고 있었다. 니체는 『우상의 황혼』에서 '정치'와 '문화'는 서로 대립되는 것이라고 주장했고 자신의 관심은 '정치'가 아니라 '문화'에 집중되어 있다는 점을 아주 명시적으로 표현했다. "권력, 큰 정치, 경제, 세계무역, 의회제, 군사적 관심에 힘을 다 써버린다면, 한 사람을 이루고 있는 지성, 진지함, 의지, 자기극복의 힘을 이러한 쪽에 다 써버린다면, 다른 쪽에서 그 힘은 결여되게 마련이다. 문화와 국가는 서로 대립된다. (...) 문화적인 의미에서 중요했던 것은 비정치적(unpolitisch)이었고 심지어는 반정치적(antipolitisch)이기도 하다."[66] 니체는 국가나 정치권력의 문제에 관심을 두었던 것이 아니라 진정한 주체의 문제, 그리고 최고의 인격성의 문제, 무엇보다도 고급의 문화의 문제에 관심을 두었다. 다시 말해 니체는 최고의 인격의 인간상, 그리고 최고 수준의 문화의 모습에 관심을 두었던 것이다. 니체는 예컨대 민족주의, 제국주의, 반유대주의와 같은 정치운동에 대해 아주 적대적인 입장을 취하고 있었다. 그 대신에 그는 유럽 문화를

66) KSA 6, 106쪽.

다양성과 '정신성'을 기반으로 하여 새롭게 통일시키는 데 관심을 두었던 것이다.

요약하면, 니체는 근대화 이후 벌어진 인간 삶의 평균화와 하향평준화 경향에 대항해 인간의 고양, 즉 인간의 문화화(도야)의 문제에 대해 숙고했고 이러한 숙고의 결과는 이상적 인간상에 대한 논의로 나타났던 것이다. 그리고 니체의 철학 안에서 볼 때, 이러한 이상적 인간상의 실현 문제는 예술적 문화의 건설 문제와 유기적으로 연결되어 있다. 이와 같이 니체 철학은 본질적으로 문화철학의 성격을 지니고 있는 것이다.

참고문헌

제1부

강영계, 『니체, 해체의 모험』, 서울: 고려원 1995.

강영계, 「문화허무주의 - 니체 contra 보드리야르」, 『니체연구』 6집, 한국니체학회 2004, 1~29쪽.

강용수, 「니체의 대중문화비판」, 『철학연구』 61집, 철학연구회 2003, 105~122쪽.

강용수, 「니체의 문화철학의 체계성과 연속성에 대한 연구 - 개념의 형성과정과 영향사에 대한 분석을 중심으로」, 『니체연구』 제6집, 한국니체학회 2004, 31~59쪽.

김미기, 「니체, 바그너 그리고 그 역사적 의미」, 『니체연구』 7집, 한국니체학회 2005, 191~217쪽.

안철택, 「니체의 문화비판」, 『독일어문학』 24집, 한국독일어문학회 2004, 119~147쪽.

이상엽, 「니체의 칸트 수용과 비판」, 『칸트철학과 현대』, 한국칸트학회 2002, 161~192쪽.

이상엽, 「삶과 학문-니체의 학문비판」, 철학과 현상학 연구 21집, 한국현상학회 2003, 441~464쪽.

Bollenbeck, Georg, *Bildung und Kultur*. Frankfurt am Main und Leipzig 1994.

Busche, Hubertus, "Was ist Kultur? Erster Teil: Die vier historischen Grundbedeutungen", In: *Dialektik. Zeitschrift für Kulturphilosophie*, 2000, 69~90쪽.

Elias, Norbert , *Über den Prozeß der Zivilisation I*, Frankfurt am Main 1976, 『문명화과정 I』, 박미애 옮김, 서울:한길사 2003.

Freier, Hans, "Nietzsche - Der Einbruch des genealogischen Wissens in die Kulturtheorie", In: (Hg.) Helmut Brackert und Fritz Wefelmeyer, *Naturplan und Verfallskritik. Zu Begriff und Geschichte der Kultur*, Frankfurt am Main 1984, 320~363쪽.

Gerhadt, Volker, "Artisten-Metaphysik. Zu Nietzsches frühem Programm einer ästhetischen Rechtfertigung der Welt", In: Ders., *Pathos und Distanz - Studien zur Philosophie Friedrich Nietzsches*, Stuttgart 1988, 46~71쪽.

Grummes, Ulrich, *Das Problem der Bildung - Eine Auseinandersetzung mit dem Denken des jungen Nietzsche*, München 1971.

Jung, Thomas, *Geschichte der modernen Kulturtheorie*, Darmstadt 1999.

Kaulbach, Friedrich, *Nietzsches Idee einer Experimentalphilosophie*, Böhlau 1997.

Kokemohr, Rainer, *Zukunft als Bildungsproblem - Die Bildungsreflexion des jungen Nietzsche*, Düsseldorf 1973.

Maurer, Reinhart, *Revolution und Kehre*, Frankfurt am Main 1975.

Nietzsche, Friedrich, *Kritische Studienausgabe in 15 Bände*, (Hg.) Giorgio Colli und Mazzino Montinari, München 1980.

Reschke, Renate, "'Korruption' - Ein kulturkritischer Begriff Friedrich Nietzsches zwischen Geschichtsphilosophie und Ästhetik", In:

Nietzsche-Studien 21, 1992, 137~162쪽.

Reschke, Renate, "Kultur", In: (Hg.) Henning Ottmann, *Nietzsche-Handbuch*, Stuttgart/Weimar 2000, 266~268쪽.

Schmid, Wolfgang, *Die Grundlegung der Bildung im Denken des jungen Friedrich Nietzsche*, Köln 1971.

Schmidt, Rüdiger, "Auf der Suche nach dem Humanum. Elemente der frühen Kulturkritik Friedrich Nietzsches". In: *Nietzsche-Studien* Bd.13, Berlin/New York 1984, 129~155쪽.

Stegmaier, Werner, *Nietzsches 'Genealogie der Moral'*, Darmstadt 1990.

제2부

이진우,『이성은 죽었는가, 포스트모더니즘의 철학』서울:문예출판사, 1998.

Ackermann, Otto, *Kant im Urteil Nietzsches*, Tübingen 1939.

Aristoteles, *Metaphysik*, Hermann Boniz역 (ed. Wellmann), (Hrsg.) Ursula Wolf, Hamburg의 Reinbeck, 1966, 1994.

Bittner, R., "Nietzsches Begriff der Wahrheit", In: *Nietzsche-Studien* 16(1987), 70~90쪽.

Bougas, Tassos, "Nietzsche und die Verweltlichung der Welt", In: M. Djurić und J. Simon (Hrsg.), *Zur Aktualität Nietzsches* Bd.1, Würzburg 1984, 29~44쪽.

Bueb, Bernhard, *Nietzsches Kritik der praktischen Vernunft*, Stuttgart 1970.

Djurić, Michailo, *Nietzsche und die Metaphysik*, Berlin/New York

1985.

Foucault, Michel, "Nietzsche, die Genealogie, die Historie". In: Alfredo Guzzoni (Hrsg.), *100 Jahre philosophische Nietzsche-Rezeption*, Erw. Neuausgabe Frankfurt/M 1991, 108~125쪽.

Heidegger, Martin, *Nietzsche I*, Pfullingen 1989.

Habermas, Jürgen, "Zu Nietzsches Erkenntnistheorie", In: Ders., *Friedrich Nietzsches erkenntnistheorerische Schriften*. Frankfurt/M 1968, 237~261쪽.

Jochen Kirchhoff, "Zum Problem der Erkenntnis bei Nietzsche", In: *Nietzsche-Studien* 6(1977), 16~44쪽.

Kant, Immanuel, *Kritik der reinen Vernunft*, Werke in zwölf Bänden. (Hrsg.)Wilhelm Weischedel, Frankfurt/M 1974.

Kant, Immanuel, *Prolegomena zu einer jeden kuenftigen Metaphysik, die Wissenschaft wird auftreten können*, Werke in zwölf Bänden. (Hrsg.)Wilhelm Weischedel, Frankfurt/M 1974.

Kaulbach, Friedrich, "Autarkie der perspektiven Vernunft bei Kant und Nietzsche", In: Josef Simon (Hrsg.), *Nietzsche und die philosophische Tradition*, Würzburg 1985, 90~105쪽.

Kaulbach, Friedrich, "Kant und Nietzsche im Zeichen der kopernikanischen Wendung. Ein Beitrag zum Problem der Modernität", In: *Zeitschrift für philosophische Forschung* 41 (1987), 349~372쪽.

Knodt, Reinhard, *Friedrich Nietzsche - Die ewige Wiederkehr des Leidens*, Bonn 1987.

Löwith, Karl, "Nietzsches Versuch zur Wiedergewinnung der Welt", In: Ders., *Gott, Mensch und Welt in der Metaphysik von Descartes bis zu Kant*, Stuttgart 1986, 117~147쪽.

Müller-Lauter, Wolfgang, "Das Willenswesen und der Übermensch: Ein Beitrag zu Heideggers Nietzsche-Interpretation", In: *Nietzsche-Studien*

10/11 (1981/1982), S.134-177

Müller-Lauter, Wolfgang, "Nietzsches Lehre vom Willen zur Macht", In: *Nietzsche-Studien* 3 (1974), 1~35쪽.

Müller-Lauter, Wolfgang, *Nietzsche. Seine Philosophie der Gegensätze seiner Philosophie*, Berlin/New York 1971.

Nietzsche, Friedrich, *Kritische Studienausgabe in 15 Bände*, (Hg.) Giorgio Colli und Mazzino Montinari, München 1980.

Nietzsche, Friedrich, *Sämtliche Briefe*, Kritische Studienausgabe in 8 Bänden, (Hrsg.) G. Colli und M. Montinari, München 1986, Bd.2.

Noll, Balduin, *Das Wesen von Friedrich Nietzsches Idealismus*, Köln 1941.

Rohrmoser, Günter, *Nietzsche und das Ende der Emanzipation*, Freiburg 1971.

Stegmeier, Werner, "Nietzsches Neubestimmung der Wahrheit". In: *Nietzsche-Studien* 14(1985), 69~95쪽.

Ulmer, Karl, "Nietzsches Idee der Wahrheit und die Wahrheit in der Philosophie", In: *Philosophisches Jahrbuch* 70, 1962/63, 295~310쪽.

제3부

이상엽, 「니체, '힘에의 의지'로서의 세계 해석에 관하여」, 『니체와 현대의 만남』, 한국니체학회편, 2001년, 109~134쪽.

위르겐 하버마스, 『현대성의 철학적 담론』, 이진우 역, 문예출판사 1995.

Ackermann, Otto, *Kant im Urteil Nietzsches*, Tübingen 1939.

Bueb, Bernhard, *Nietzsches Kritik der praktischen Vernunft*, Stuttgart 1970.

Gerhadt, Volker, "Die Moral des Immoralismus", In: G. Abel und J. Salaquarda, *Krisis der Metaphysik*, Berlin/New York 1989, 417~447쪽.

Habermas, Jürgen, "Zu Nietzsches Erkenntnistheorie", In: Ders., *Friedrich Nietzsches erkenntnistheorerische Schriften*. Frankfurt/M 1968, 237~261쪽.

Heidegger, Martin, *Nietzsche* 2 Bde(1961), Pfullingen 1989.

Janz, Curt Paul, *Friedrich Nietzsche. Biographie*, 3 Bde., München 1989.

Kaulbach, Friedrich, "Autarkie der perspektiven Vernunft bei Kant und Nietzsche", In: Josef Simon (Hrsg.), *Nietzsche und die philosophische Tradition*, Würzburg 1985, 90~105쪽.

Kaulbach, Friedrich, "Kant und Nietzsche im Zeichen der kopernikanischen Wendung. Ein Beitrag zum Problem der Modernität", In: *Zeitschrift für philosophische Forschung* 41(1987), 349~372쪽.

Müller-Lauter, Wolfgang, *Nietzsche. Seine Philosophie der Gegensätze seiner Philosophie*, Berlin/New York 1971.

Nietzsche, Friedrich, *Kritische Studienausgabe in 15 Bände*, (Hg.) Giorgio Colli und Mazzino Montinari, München 1980.

Schlechta, Karl, *Nietzsche-Chronik. Daten zu Leben und Werk*, München 1984.

Schmid, Wilhelm, "Das Dasein - ein Kunstwerk. Zum Verhältnis von Kunst und Lebenskunst bei Nietzsche", In: *Deutsche Zeitschrift für Philosophie*, Heft 6 (1991), 650~660쪽.

Schmid, Wilhelm, "Uns Selbst Gestalten, Zur Philosophie der Lebenskunst bei Nietzsche", In: *Nietzsche-Studien* 21 (1992), 50~62쪽.

Stegmeier, Werner, "Nietzsches Neubestimmung der Wahrheit". In:

Nietzsche-Studien 14(1985), 69~95쪽.

제4부

김정현, 「니체에 있어서의 주체·자아와 자기의 문제-도덕적·미학적 자아관」, 『철학』 제44집, 한국철학회 1995, 163~185쪽.

박찬구, 『개념과 주제로 본 우리들의 윤리학』, 서울: 서광사 2006.

이상엽, 「니체, 도덕적 이상에의 의지로부터 형이상학적 세계해석의 탄생」, 『철학』 제66집, 한국철학회 2001, 131~155쪽.

임건태, 「니체의 도덕적 세계해석비판」, 『니체연구』 제9집, 한국니체학회 2006, 89~119쪽.

정동호, 「자연의 도덕화와 탈자연화」, 『니체연구』 창간호, 한국니체학회 1995, 193~217쪽.

정동호 외 지음, 『오늘 우리는 왜 니체를 읽는가』, 서울: 책세상 2006.

홍일희, 「니체철학에서 생명의 자연성과 인위성-도덕비판을 중심으로」, 『범한철학』 제30집, 범한철학회 2003, 129~152쪽.

로버트 L. 애링턴, 김성호 옮김, 『서양윤리학사』, 서울: 서광사 2005.

프랜시스 후쿠야마, 이상훈 옮김, 『역사의 종말』, 서울: 한마음사 1992.

Fleischer, Margot, *Der 'Sinn der Erde' und die Entzauberung des Übermenschen. Eine Auseinandersetzung mit Nietzsche*, Darmstadt 1993.

Gerhardt, Volker, "Von der ästhetischen Metaphysik zur Physiologie der Kunst", in: *Nietzsche-Studien* 13, Berlin/New York 1984, 374~393쪽.

Giacoia, Oswaldo, *Von der Kunstmetaphysik zur Genealogie der Moral : Wege und Stege der Kulturphilosophie Nietzsches*, Berlin 1987.

Haffner, Egon, *Der 'Humanitarismus' und die Versuche seiner Überwindung bei Nietzsche, Scheler und Gehlen*, Würzburg 1988.

Kerger, Henry, "Moral", In: *Nietzsche-Handbuch, Leben, Werk, Wirkung*, (Hg.) Henning Ottmann, Stuttgart/Weimar 2000, 284~286쪽.

Maurer, Reinhart, "Nietzsche und das Experimentelle", in: *Zur Aktualität Nietzsches*, (Hg.) Mihailo Djuric und Josef Simon, Würzburg 1984, 7~28쪽.

Nietzsche, Friedrich, *Kritische Studienausgabe in 15 Bände*, (Hg.) Giorgio Colli und Mazzino Montinari, München 1980.

Reuber, Rudolf, *Ästhetische Lebensformen bei Nietzsche*, München 1989.

Rohmoser, "Günter, Nietzsches Kritik der Moral", in: *Nietzsche-Studien* 10/11, Berlin/New York 1981/82, 328~355쪽.

Schmid, Wilhelm, "Das Dasein-ein Kunstwerk. Zum Verhältnis von Kunst und Lebenskunst bei Nietzsche", in: *Deutsche Zeitschrift für Philosophie*, Heft 6, 1991, 650~660쪽.

Schmid, Wilhelm, "Uns Selbst Gestalten. Zur Philosophie der Lebenskunst bei Nietzsche", in: *Nietzsche-Studien* 21, Berlin/New York 1992, 50~62쪽.

Schulz, Walter, "Funktion und Ort der Kunst in Nietzsches Philosophie", in: *Nietzsche-Studien* 12, Berlin/New York 1983, 1~31쪽.

Schweppenhäuser, *Gerhard, Nietzsches Überwindung der Moral*, Würzburg 1998.

Stegmaier, Werner, *Nietzsches 'Genealogie der Moral'*, Darmstadt 1994.

Steinmann, Michael, *Die Ethik Friedrich Nietzsches*, Berlin/New York 2000.

제5부

볼프강 벨쉬 지음, 박민수 옮김, 『우리의 포스트모던적 모던 I』, 서울: 책세상, 2001.

볼프강 벨쉬 지음, 박민수 옮김, 『우리의 포스트모던적 모던 II』, 서울: 책세상, 2001.

프랜시스 후쿠야마, 이상훈 옮김, 『역사의 종말-역사의 종점에 선 최후의 인간』, 서울: 한마음사, 1992.

Bell, Daniel, *Die Nachindustrielle Gesellschaft*, Frankfurt/M und New York 1985.

Gehlen, Arnold, "Über kulturelle Kristallisation", in: ders., *Studien zur Anthropologie und Soziologie*, Neuwied/Berlin 1963, 311~328쪽.

Gehlen, Arnold, "Über die Geburt der Freiheit aus der Entfremdung", in: ders., *Philosophische Anthropologie und Handlungslehre*, Frankfurt/M 1983, 366~379쪽.

Gehlen, *Arnold, Urmensch und Spätkultur. Philosophische Ergebnisse und Aussagen*, Wiesbaden 1986.

Gehlen, Arnold, *Moral und Hypermoral. Eine pluralistische Ethik*, Wiesbaden 1986.

Gehlen, Arnold, "Ende der Geschichte?", In: ders., *Einblicke*, Frankfurt/M 1975, 115~133쪽.

Hegel, G.F.W. *Geschichte der Philosophie*, in: Werke, (Hg.) v. Moldenhauer, E und Michel, K., Frankfurt/M, Bd3.

Hegel, G.F.W, *Vorlesung über die Philosophie der Geschichte*, in: *Werke*, (Hg.) v. Moldenhauer, E und Michel, K., Frankfurt/M, Bd12.

Jameson, Fredric, "Postmoderne-Zur Logik der Kultur im Spätkapitalismus",

In: (Hg)Huyssen, Andreas/ Scherpe, Klaus R., *Postmoderne - Zeichen eines kulturellen Wandels*, Hamburg: Rowohlt, 1997, 45~102쪽.

Jung, Thomas, *Vom Ende der Geschichte: Rekonstruktion der Posthistoire in kritischer Absicht*, Münster 1989.

Kojèv, Alexandre, *Hegel, Eine Vergegenwärtigung seines Denkens*, (Hg.) Iring Fetscher, Frankfurt/M 1975,

Niethammer, Lutz, *Posthistoire, Ist die Geschichte zu Ende?*, Reinbek bei Hamburg 1989.

Nietzsche, Friedrich, *Kritische Studienausgabe in 15 Bände*, (Hg.) Giorgio Colli und Mazzino Montinari, München 1980.

Thies, Christian, *Gehlen zur Einführung*, Hamburg 2000.

제6부

강정인, 『민주주의의 이해』, 서울 2000.

김미기, 「루터와 종교개혁에 대한 니이체의 이해」, 『니체연구』 2집, 한국니체학회 1996, 215~246쪽.

김용찬, 「니체 철학의 정치적 의미」, 『한국정치학회보』 35집 1호, 한국정치학회 2001, 7~24쪽.

김정현, 「니이체의 원시기독교 비판 - 예수와 바울을 중심으로」, 『니체연구』 2집, 한국니체학회 1996, 157~189쪽.

김정현, 「니체와 근대성 , 그리고 형이상학의 문제 - 그의 형이상학을 보는 세 가지 입장을 중심으로」, 『철학연구 24집』, 고려대학교 철학연구소 2001, 1~23쪽.

김정현, 「니체, 루카치 그리고 정치적 미학주의의 담론」, 『니체, 생명과 치유의 철학』, 서울 2006, 80~105쪽.

김진석, 「니체에 대한 탈현대적 해석을 넘어가기」, 『니체연구』 9집, 한국니체학회 2006, 7~34쪽.

백승영, 「비도덕주의 윤리학」, 『니체, 디오니소스적 긍정의 철학』, 서울 2005, 546~597쪽.

성진기, 「니체의 철학적 인간학」, 『철학연구』95집, 대한철학회 2005, 193~215쪽.

이상엽, 「삶과 학문 - 니체의 학문비판」, 『철학과 현상학연구』 21집, 한국현상학회 2003, 441~464쪽.

이상엽, 「이성과 이성의 타자」, 『니체연구』6집, 한국니체학회 2004, 149~175쪽.

이상엽, 「니체의 도덕비판」, 『한국철학논집』 19집, 한국철학사연구회 2006, 73~103쪽.

이진우, 「니체의 반역적 사유 - '의식'의 이성과 '몸'의 이성」, 『철학』48집, 1996, 187~214쪽.

정동호, 「위버멘쉬는 누구인가」, 『니이체철학의 현대적 조명』, 정동호 (편집), 서울 1992, 215~256쪽.

최상욱, 「그리스도교에 대한 니체의 평가」, 『니체연구』 8집, 한국니체학회 2005, 7~37쪽.

Aschheim, Steven E., *Nietzsche und die Deutschen - Karriere eines Kults, aus dem Englischen von Klaus Laermann*, Stuttgart/Weimar 1996.

Deleuze, Gilles, *Nietzsche und die Philosophie*, Hamburg 1991.

Fleischer, Margot, *Der 'Sinn der Erde' und die Entzauberung des Übermenschen. Eine Auseinandersetzung mit Nietzsche*, Darmstadt 1997.

Gehlen, Arnold, "Ende der Geschichte?", in: Arnol Gehlen, *Einblicke*, Ftankfurt am Main 1975, 115~133쪽.

Germer, Andrea, *Wissenschaft und Leben: Max Webers Antwort auf eine Frage Friedrich Nietzsches*, Göttingen 1994.

Heinrich, Caroline, "Über die gegenwärtige Lage unserer Bildungsanstalten", in: Renate Reschke(Hg.) *Nietzsche - Radikalaufklärer oder radikaler Gegenaufklärer?*, Berlin 2004, 343~349쪽.

Kuhn, Elisabeth, "Nietzschs 'gute Europäer' und gutes Europa", in: Endre Kiss(Hg.), *Friedrich Nietzsche und die globalen Probleme unserer Zeit*, Cuxhaven/ Dartford 1997, 215~228쪽.

Lukács, Georg, *Die Zerstörung der Vernunft. Der Weg des Irrationalismus von Schelling zu Hitler*, 3.Aufl., Berlin 1984.

Marti, Urs, *'Der große Pöbel- und Sklavenaufstand'. Nietzsches Auseinandersetzung mit der Revolution und Demokratie*, Stuttgart/Weimar 1993.

Marti, Urs, "Demokratie", in: Hennig Ottmann(Hg.) *Nietzsche-Handbuch - Leben, Werk, Wirkung*, Stuttgart/ Weimar 2000, 215~217쪽

Maurer, Reinhart, "Nietzsche und die kritische Theorie", in: E. Behler/ E. Heftrich/ W. Müller-Lauter(Hg.) *Nietzsche-Studien* 10/11, Berlin/New York 1981/82, 34~79쪽.

Nietzsche, Friedrich, *Kritische Studienausgabe in 15 Bände*, Giorgio Colli und Mazzino Montinari(Hg.), München 1980.

Schank, Gerd, *"Rasse" und "Züchtung" bei Nietzsche*, Berlin/New York 2000.

Steinbach, Matthias, "'Der Staat hat heute einen unsinnig dicken Bauch' - Politisches Denken und Nationalstaatskritik bei Friedrich Nietzsche", in: *Historische Zeitschrift* Band 283, München/ Oldenburg 2006, 319~354쪽.

Stekeler-Weithofer, Pirmin, "Lebenswelt und Menschenzoo - Nietzsches Ethik des Überstiegs vom Bedürfniswesen zur authentischen Person", in: Volker Gerhardt/ Renate Reschke(Hg.), *Ästhetik und*

Ethik nach Nietzsche, Berlin 2003, 65~80쪽.
Taureck, Bernhard H.F., *Nietzsche und der Faschismus*, Hamburg 1999.

색인

[인명색인]

(ㄱ)
강영계 16, 40, 203
강용수 16, 203
게르스도르프, 칼 폰 82
겔렌, 아놀드 143, 144, 147, 150, 151, 161, 194
기제, 프리츠 5
김미기 30, 175, 203, 212
김용찬 178, 212
김정현 137, 173, 175, 209, 212
김진석 176, 212

(ㄷ)
데리다 6
데카르트 55, 95
도이센, 파울 57, 83
듀리치, 미하일로 49
드로이젠 8
들뢰즈 6, 176

(ㄹ)
랑에, 알버트 82
랑케 8
로모저, 귄터 49
뢰비트 6, 54
루소 154, 155
루카치 173, 212
리오타르 6

(ㅁ)
마키아벨리 173
몰러, 아민 5
몽테뉴 173
무샤케, 헤르만 82
뮐러-라우터, 볼프강 49

(ㅂ)
바그너 8, 29, 30, 31, 45, 51
바타이유 6
박찬구 112, 209
백승영 175, 213
벨, 다니엘 161
벨쉬, 볼프강 144, 211
보드리야르 16, 203
보이물러, 알프레트 5
부르크하르트, 야콥 8

(ㅅ)
샨크, 게르트 185
성진기 192, 213
소크라테스 18, 22, 23, 25~31, 42, 45, 48, 54, 117, 153, 158
소피스트들 118
쇼펜하우어 8, 28, 56, 82, 84, 125
스테켈러-바이트호퍼, 피르민 192

(ㅇ)
아리스토텔레스 47
안철택 16, 203
애링턴, 로버트 L. 112, 209
야스퍼스 6
이진우 74, 79, 176, 205, 207, 213
임건태 113, 209

(ㅈ)
정동호 113, 125, 192, 209, 213
제임슨, 프레드릭 163

(ㅊ)
최상욱 175, 213

(ㅋ)
카울바흐, 프리드리히 57
칸트 140, 28, 55~60, 79~92, 95~99, 102~108, 111, 125, 148, 203
코제브 147~149
쿠르노 147, 148

(ㅌ)
타우렉, 베른하르트 173

(ㅍ)
푸코 6, 54
플라톤 27, 48, 54, 96, 117~120, 149, 153, 158, 159, 169, 170
피셔, 쿠노 83

(ㅎ)
하버마스, 위르겐 79, 207
하이데거 6, 48, 49
헤겔 80, 147~149
호프만스탈, 후고 폰 5
홉스 111
홍일희 113, 209
후설 6
후쿠야마 135, 144, 145, 147, 149, 150, 165, 209, 211
훔볼트 8

[용어색인]

(ㄱ)
가상 47~49, 51~53, 55, 59, 61, 66, 67, 69, 72~74, 76, 91~95, 103, 104, 120, 144
감각세계 47
강자 125, 126, 186, 188, 190~192, 197
거리의 파토스 126, 127, 168, 170, 186
계보학 18, 32, 33, 44, 50, 53, 54, 124, 125, 136, 154
계약이론 111
공간 28, 66, 100, 182, 188
공리주의 111, 125, 128, 134, 187, 189, 190
과학 8, 52, 57, 143, 150, 162
과학기술 9, 143, 144, 150~153, 156, 160~166, 170, 174, 175, 183, 194, 195
교양 8, 39
군중 본능 180, 182, 183, 194
귀족적 인간 155, 168, 178, 185, 186
그리스 비극 23~25, 27
기독교 8, 34, 48, 19, 51, 102, 104, 113, 118, 125, 130~134, 159, 170, 174, 212

(ㄴ)
나쁨 124, 126, 127
낙관주의 8, 17, 27~29, 152~154, 174
내면화 33, 34
노예도덕 113, 117, 118, 124~126, 129~134, 140, 154, 155, 187
논리적 충동 23, 25, 29, 35
논리학 28

니체주의자들 6

(ㄷ)

다원주의 5, 77, 81, 97, 118, 145, 146, 156, 168~171, 174~177, 191, 193, 196, 200

대체종교 51, 81

덕의 윤리 112

도덕 10, 18, 20, 27, 31~35, 37~39, 44~47, 50, 52~54, 65, 67, 74~76, 79, 97~107, 111~114, 116~141, 181~184, 186~188, 197, 198, 200, 209

도덕법칙 80, 98, 99, 102, 103, 106, 107

도덕적 가치 32~35, 76, 118, 121, 125, 133, 137, 141

도덕적 이상에의 의지 10, 47, 67, 75, 76, 105, 175, 209

동일한 것의 영원회귀 6, 77

동정윤리 134

두-세계-론 47

디오니소스적 예술 23, 26

디오니소스적인 것 23, 24

(ㅁ)

문명 8, 15~18, 28, 30~45, 147, 152, 154, 166, 191, 199, 204

문명화 17, 18, 31~40, 43~45, 166, 204

문명화과정 17, 18, 34~38, 43~45, 166, 204

문화 5, 7~10, 15~32, 35~45, 51, 52, 100, 111, 117, 120, 133~135, 143~145, 150, 168~171, 195~203

문화가치 8

문화비판 15, 16, 18, 31, 40, 203

문화와 문명의 대립관계 16, 37, 44

문화의 조건 32, 44

문화적 결정체 143, 150

문화전쟁 199

문화철학 7, 9, 10, 15, 16, 18, 32, 36, 44, 45, 178, 199, 202, 203

미적 형이상학 19

민족주의 173, 181, 198, 201

민주주의 9, 125, 134, 144, 149, 150, 152, 154~156, 160~162, 174~196, 199~ 201, 212

(ㅂ)

반유대주의 5, 201

반정치적 201
범주 27, 28, 32~34, 59, 74, 88~91, 108, 138
변증법 28, 80, 118, 119, 149
보수혁명 5
부패 37, 39, 40
비극 신화 24, 25, 31, 51
비극적·불교적 문화 28
비도덕성 103, 113
비도덕주의자 112
비정치적 178, 191, 201

(ㅅ)
사물 자체 55, 59, 69, 83, 91~93, 108
사회주의 39, 125, 134, 144, 156, 173, 176
산업자본 143, 144, 150
삶의 고양 18, 21, 23, 40, 44, 45
삶의 미학 114, 135~138, 141, 166, 167, 172
삶의 보존 38, 40
삶의 예술 27, 32, 107, 109, 110, 139
삶의 태도 77, 141, 171, 188, 201
새로운 귀족 191, 198, 200
생성 31~33, 47~50, 53, 54, 60~62, 67, 68, 72~77, 89, 93, 100, 102, 108, 117, 134
선 126
선험적 자아 95, 96
선험적 주체 60, 108
소크라테스적·알렉산드리아적 문화 25
순수이성 8, 83, 98, 99, 103
슈퍼구조 143, 150, 151, 161
시 57
시간 25, 28, 37, 66, 74, 77, 101, 159

(ㅇ)
아폴론적 예술 23
아폴론적인 것 23
악 126
약자 125, 129, 130, 132, 186, 188~191, 193
예술 7~9, 16~33, 35, 39, 42~45, 50~53, 62, 81, 91, 107~110, 119, 135~141, 158, 165, 176, 183, 191, 202
예술가·형이상학 19
예술작품 30, 31, 137~139, 141
예술적·그리스적 문화 23
예술적 문화 7, 9, 18, 20, 22~25

29, 30, 36, 42~45, 196, 202
원일자 19, 51, 52
원한 130~133
위계질서 33, 109, 119, 120, 121, 137, 168, 169, 177, 178, 182, 186~188, 199, 201
위대한 정치 18, 168, 169, 178, 195, 198, 199
유용성 63, 65, 66, 69, 70, 86~100, 111, 117, 128, 154, 177, 178, 182~184, 187, 188, 191, 200
윤리 27, 31~35, 38, 45, 100~102, 107, 112~118, 120, 134, 151, 165, 175, 209, 213
의무감 33, 115
의무주의 111, 134
이론적 인간 26, 27, 29, 31
이상세계 47, 48, 72, 103, 107
이성 6, 26~30, 38, 47, 55, 67, 73~75, 79~81, 83, 84, 88, 89, 98~100, 118~120, 169~176, 200, 205, 213
이성세계 47
이성의 범주들 88
이성주의자 80
이원화 47
이중화 47, 72
인간 삶의 평균화 202
인간을 가축으로 길들이기 33, 37
인간의 고양 7, 108, 185, 188, 191, 196~198, 202
인간의 도야 7
인간의 문화화 7, 202
인간의 실존 26, 138, 140
인과 26, 28, 32, 33, 43, 79, 92, 94, 102~104, 146, 149
인식 5, 9, 23, 25~29, 50~51, 53~65, 69, 74, 77, 80, 83~91, 93~97, 107, 123, 151, 184
인식욕구 9, 86, 87

(ㅈ)

자기 8, 19, 34~36, 39~41, 95~99, 102, 106~110, 126, 131~134, 136~141, 164~168, 178, 182, 186, 190, 200, 201, 209
자기입법 84, 97~99, 106~110
자기형성 80, 97, 98, 106~110, 136
자본주의 8, 143, 149, 150, 156, 174, 175, 183, 195, 196, 200
자유민주주의 144, 149, 150, 152, 156, 161, 164, 170, 178
자유정신 6, 50, 52, 108

잔혹성 32, 34, 44
정언명법 80, 98, 102, 115
존재 6, 7, 9, 20, 22, 26~28, 33, 35~37, 39, 40, 47~50, 60~75, 88~103, 138~140, 143~145, 158~160, 189~191, 193, 198, 199
종교 8, 51, 52, 58, 68, 79, 81, 83, 84, 97, 108, 170, 174, 175, 179, 212
좋음 124, 126, 127, 130
죄책감 33, 34
주권적 개인 35, 43, 45, 81, 106, 107, 110, 116, 168, 169
주인도덕 5, 113, 117, 124~127, 129, 140, 154, 187
주체 9, 58, 60, 80, 81, 84, 95~98, 106, 108, 116, 136~138, 168, 201, 209
지성 58, 60, 61, 76, 85, 88, 89, 91, 93, 96, 101, 104, 105, 118, 137, 154, 166, 201
진리 35, 38, 48~50, 53~56, 58, 61~67, 69~75, 83, 86, 88~90, 93, 94, 107, 159, 166, 170

(ㅊ)

차라투스트라 41, 192
차안 48
차이성 169~171, 200
초인 5, 156, 169, 172, 173, 192
최고의 인간 178, 184~186, 192~198
최후의 인간 134, 149, 155, 156, 165, 192, 193, 211

(ㅋ)

카오스 5, 20, 32, 61, 93, 147
코페르니쿠스적 전환 56~58, 85~88, 97, 107, 108

(ㅌ)

탈근대 10, 141, 143~146, 152, 153, 161, 163~166, 168~172, 176
탈도덕주의자 112
탈역사 10, 143~156, 160~166, 169, 170, 194

(ㅍ)

평등주의 9, 152, 155, 156, 166, 170, 171, 174, 175, 177, 181, 191, 195, 200
폭력 32, 44, 62, 94, 128, 153, 163, 169, 176
풍습의 윤리 32, 34, 35, 45, 101,

102, 107, 114, 116~118
피안 48, 61, 76, 106

(ㅎ)
학문 6, 9, 17, 26~31, 35, 45, 47, 99, 104, 105, 153, 161, 175, 176, 183, 203, 213
허무주의 5, 9, 16, 49, 50, 53, 76, 77, 81, 97, 145, 146, 156~160, 167, 174, 188, 203
현상 8, 19, 20, 23, 26, 27, 29, 50, 52, 57~59, 61, 62, 67, 68, 69, 70, 76, 82, 85, 88, 91~94, 101, 174~176, 195, 200, 203, 213
현실세계 47, 48, 62, 72, 73, 75, 76, 107
형이상학 6, 9~11, 19, 25, 29, 31, 47~55, 70~77, 79, 91, 105, 119, 123, 132, 148, 158, 166, 170, 175, 209, 212
회의주의 50, 55, 56
힘에의 의지 5, 40, 41, 49, 55, 63~65, 69~71, 77, 87, 96, 97, 107, 170, 190, 191, 207